聖母文庫

こころのティースプーン〈上〉

ガラルダ神父の教話集

ハビエル・ガラルダ

聖母の騎士社

ガラルダ神父様の本の出版に寄せて

地球の温暖化ということばが聞かれるようになって久しくなり、年を追うごとに気候の変化を感じます。自然は何かを私たちに訴えかけているのではないでしょうか。今年の夏は、猛暑、ゲリラ豪雨、さらには竜巻による相次ぐ被害が報告されています。このようなことが起こるのは、私たち人間が、文明という名のもとに自然を閉じ込めてきた歴史ゆえでしょうかと深く考えさせられます。

また、現代はＩＴ技術が発達し、世界の動きが瞬時にして世界中に発信され、情報がたやすく手に入る時代となり、人々の価値観は多様になっています。

このような時代において、お子様たちを育てる立場にある私共は、人間にとって大切なことは何かという、見失ってはいけない普遍的なものを伝えてまいりたいと思っております。

このたび、「ガラルダ神父様の教話集」の出版に当たり、神父様には、長年にわたって本学園の児童生徒の母親を対象に、キリスト教的価値観に基づいたお話をなさっていただきましたことに心より感謝申し上げます。

私共の学園では、キリスト教（カトリック）に基づいた教育理念のもとに学校教育を行い、一人一人のお子様を大切に育てております。一人の人間を育てる教育は、決して学校だけで行われるのではなく、お子様の毎日のお世話をなさるお母様、ご家庭での生活を通してなされます。ですから、両者が同じ方向を向き、なるべく同じ考えや思いを持ち、互いに協力してお子様に接することが大切だと考えております。

学園は戦争で校舎も修道院もすべて焼失してしまいましたので、ようやく学校生活が順調に運び始めたころ、お子様たちのために、ぜひご家庭にも学校の教育にご協力いただきたいと思い、その理念、価値観をどのように伝えていけばよいかと思案いたしました。そして、神父様にお願いし、毎月、学園に在籍する児童生徒の母親（希望者）への講話をしていただくことになりました。その後、何人かの神父様の交代がございまして、現在はガラルダ神父様に十年ほどお話をしていただいております。

講話の内容を本にすることは全く考えておりませんでしたが、受講者の方々の中から、ガラルダ神父様のお話を、ご出席できないお母様方にも、ぜひお伝えしたいという希望がありました。それは、神父様のお話が、生きる上で大切なことや人間関係についてなどを、日々の生活の中でどのように考え実行していけばよいか、わかりやすく教えてくださっていますし、何より、私たちの心の奥の良心を呼び覚ましてくださるからです。その時すでに、録音しておりましたテープを、一人のお母様が文字に起こしていらっしゃいました。それが、聖母の騎士社のご厚意によって、このたび出版の運びとなりました。編集をしてくださいました聖母の騎士社の赤尾満治神父様に心より感謝申し上げます。

この本が、手に取ってくださった方々の光となりますように、命をいただいたお子様がたが、自分も周りの人も大切にしながら、希望を持ってまっすぐに成長なさいますように心よりお祈り申し上げます。

二〇一三年九月八日（聖マリアの誕生の祝日）

幼きイエス会　シスター　フィリップ

目　次

1　ご復活をめぐる2つのお話
―トマスの話・水辺に立っておられたイエス様の話

1―1　イントロダクション（この講座の目的について）

十「平和を求める祈り」（254頁）

おはようございます。ご紹介にあずかりましたガラルダと申します。52年前にスペインのマドリッドから日本に来まして、おもに上智大学にいましたけれども、70歳の定年でイグナチオ教会に移り、そこで仕事をしています。よろしければ、そこの聖書講座がありますので、参加していただければと思います。

今の祈り……。なれたらいいですね、このような人に。家族の中でも、仲間の中でも、仕事のところでも、このような人になれたらいいですね。絶望のあるところに希望を、闇に光を、悲しみのあるところに喜びをもたらすような人になれたらいいですね。これを求めてこの講座を始めたいと思います。

ティースプーン

まずイントロダクションを。

この講座が何を求めているかと申しますと、皆さんの家族の教育と学校の教育が一致するようにすることです。皆さんにキリスト教の根本的なことを知っていただくことです。でも、あまりカトリック、カトリックということはしません。そして、皆さんの中には聖書のことをあまりご存じでない方がいらっしゃるのではないかと思いまして、信者（キリスト教の洗礼を受けている人）でない人にも違和感の無いようにしたいと思います。

比喩で言えば、紅茶のカップがありまして、お紅茶をいれて、お砂糖も入れます。「では召し上がってください」と言いますと、あなたは「あ、お砂糖が入っていません」とおっしゃるのです。「入っていますよ、入れたばっかりですけれど。」「そうですか……。」「あ、ちょっと待ってください」と言いまして、ティースプーンを持ち出して、そのカップの底をかきまわしてから「もう一度飲んでみてください」と言えば、「あ、今はお砂糖が入っています」とおっしゃるんです。けれども、実は「今は」ということではなくて、「今も」ですね。そもそもあったのですが、底に残っていたんじゃないのですか?

カップはあなたの心、そして心の中にある、既にある、良いものがお砂糖だと想像してください。生きることに対しても、愛することに対しても、信じることに対しても、素晴らしいことがありますけれども、生き方にまでは溢れ出てきていないのかもしれません。あなたの心の底に残っているのかもしれません。そこで、この講座はティースプーンにしたいと思います。ティースプーン。

あなたがそのティースプーンをつかんで、自分の心をかきまわしながら、そもそもあったものが、生き方にまで溢れ出てくるようにするのがこの講座の目的です。新しい知識を、新しいお砂糖を入れ込むということではなくて、そもそもあなたにあるものが、周りの価値観や忙しさというようなことによって見失われているので、あることはあるけれども生き方の役に立っていない。それを生き方にまで溢れ出てくるようにするのが、この講座の目的、根本目的です。

ここでは毎回違う内容を話します。一つのことをずっと話すのではなく、その回その回でテーマを決めます。皆さんは来られない時もありますね。ですから、出席しないとついてこられなくなる、ということがないように、「今日、このテーマ」で、「次回は他のテーマ」で話します。

3S（イエスを知る、好きになる、従う）

毎回違うテーマで話していても、求めているのは、「3S」です。「3S」というのは、日本語のローマ字で、Sで始まる三つの動詞のことです。その動詞は、キリストを「知る」、「好きになる」、「従う」。これはティースプーンのおもなテーマですね。つまり、キリストのことを知る。歴史的な存在として知るというよりも、「心で知る」。そしてまた、「好きになる」。知っていれば好きになる、知っていれば知っているほど好きになると思います。いい映画だったら、一回見ても、二回三回見ても、新しい気づきがどんどんどんどん出てくる。例えば、本だったら『星の王子様』をご存知ですね？　それは既に読みましたけれど、もう一度読んでもまた新しいことに気づく。さらに読んでもいつも新しい気づきがある。その意味で「キリストを知る」心ですよ。そして、「好きになる」。知っていれば好きになる。三番目は「従う」。好きだったらキリストの価値観に従って、キリストの生き方に従って生きたいです。だから、キリストのように、キリストと共に生きる、という気持ちになって、それを実行することができるように、この講座を進めていきたいと思います。

日常生活にあてはめる

今日は一つか二つの聖書の箇所を見ます。一つはトマスのことです。あ、一つ言い忘れましたが、聖書を使いますが、この講座は「聖書研究会」ではない。取り上げられる福音は、あなたの日常生活の中で、この状況におかれている、この具体的な性格のあるあなたにとって、「この言葉は私に何を言ってくださるのですか」というふうに読んでいただきたいのです。つまり、「福音をあなたの日常生活にあてはめる」ということをしようと思っております。ですから、皆さんが聖書を読むときにはそういうふうに読んでください。ただ「他の本として」「ああ、そう、こうこう」じゃなくて、「今、自分の具体的な状況」に合わせるのが、大事なことと思います。

1-2　トマス

この聖書箇所の背景について

トマスという弟子について話します。

弟子たち、ご存じのとおり、イエス様に従っていた人たちには、いろいろな種類がある。

一つは、シンパ、シンパタイザー（sympathizer）。この人たちは、やたら多かった。だんだん少なくなっていったけれど。何故かと言うと、皆はイエス様は救い主だと期待していた。物理的な理由で、軍事力、経済力の形で、イスラエルを世界一の国にしようと思ってくれるだろうと思っていた。メシア（ヘブライ語で救世主の意）、救い主を期待していた。そして、おもに、ローマ帝国からイスラエルを解放してくださるリーダーを、指導者を期待していました。期待していましたけれども、時間が経つにつれて、イエス様はそのような方ではないことが現れてきた。イエス様は貧弱な人で力がない。イエス様の周りの人たちはみんな貧しい人で罪人で、軽蔑されていた人たち。その人たちがイエス様の味方。つまりイエス様は、人や軍事力という力ではなくて、心の力で、おもに弱い立場に置かれている人たちを高めて、そこで、心の革命を求めていたのです。ところが、人々はもっと目に見える効果が欲しかったので、だんだん離れて行ったんです。とにかく、一般のそのグループ、シンパはたくさんいました。その中にイエス様に従う70人くらいの弟子たちがいて、その弟子たちの中には12人の使徒がいる。それは幹部です。その12人の使徒たちの中の一人がトマス。今日の主人公になります。

読んでいただく前に前後関係をお話しします。イエス様が死んで復活しました。弟子たちは皆、イエス様が一度死んでよみがえった、生きているということを体験していました。絶対生きている。何回も現れたのです。どういう形で生きているのか、すごく不思議で、とても分かりにくいけれども、とにかく生きていると。

トマスの場合。弟子たちが、おもに使徒たちは、イエス様が殺された後、怖くなってある部屋に逃げ込んだのです。その家には全部鍵をかけて、部屋の中でじっとしていた。だって、イエス様が殺されたので、弟子たちもその次に殺されるに決まっているじゃないですか。だから怖がって、閉じこもっていた。そこにイエス様が、鍵がかかっていたにもかかわらず、ひょっこりと現れるんですね。みんな喜んだ。イエス様は弟子たちに語りかけた。「どうぞ私の手を見てください。十字架につけられたので、手に跡、傷の跡があるので、見て触ってください。私のここは槍で突かれたので、触ってみてください。」みんな喜んだ。

しかし、その時にはトマスはいなかった。八日経ってから、この出来事がありました。これを読んでいただきましょう。ヨハネ福音書の20章24節から29節まで。

ヨハネによる福音書20章24節〜29節：イエスとトマス

十二人の一人でディディモと呼ばれるトマスは、イエスが来られたとき、彼らと一緒にいなかった。そこで、ほかの弟子たちが、「わたしたちは主を見た」と言うと、トマスは言った。「あの方の手に釘の跡を見、この指を釘跡に入れてみなければ、また、この手をそのわき腹に入れてみなければ、わたしは決して信じない。」さて八日の後、弟子たちはまた家の中におり、トマスも一緒にいた。戸にはみな鍵がかけてあったのに、イエスが来て真ん中に立ち、「あなたがたに平和があるように」と言われた。「あなたの指をここに当てて、わたしの手を見なさい。また、あなたの手を伸ばし、わたしのわき腹に入れなさい。信じない者ではなく、信じる者になりなさい。」トマスは答えて、「わたしの主、わたしの神よ」と言った。イエスはトマスに言われた。「わたしを見たから信じたのか。見ないのに信じる人は、幸いである。」

トマスは何故このような態度をとったのか

トマスがいなかった時にイエス様が来た。八日経って、トマスがいる時にまたイエス様が入って来た。でも、その前に、他の弟子たちはトマスに、イエス様に会ったと言うんですね。「会いました、会いました」と。しかし、トマスは「私は絶対信じない」と言う。指を入れないと、手をここの胸に入れないと、絶対信じないと言うんですね。

トマスは何故この態度をとったのでしょうか。私たちのことを反省してみましょう。私たちに当てはまることだと思います。彼は、自分がいない時に他の弟子たちがイエス様に会ったので気に入らなかったのです。「私がいないときには、いいことがあった」ということにけちをつけたくなっちゃう。

例えば、あなたの友達が言うとします、「昨日の夕食会は楽しかったですね。」あなたは知らないので「夕食会？　何の夕食会？」と言うと「え、みんな集まっていた……あぁ、そうだ、あなたはいなかった、ごめんなさい、呼ぶの忘れちゃった。」するとあなたは「いや、いいですよ」と言うでしょう。でも、嫌になっちゃうんですね、私がいないのにみんな楽しくて、一緒に食べていたと思うと、なんかつぶしたくなっちゃう。「そうですか、どこへ行ったんですか？　あのレストラン？　あそこはまずいね。美味しくないですね。しかも、あれは高いでしょう？　高かったでしょう？　もったいない。そして、誰と行ったの？　それじゃあ面白くなかったでしょう？　そして、あそこはうるさい……。」とにかく、なんとなくつぶしたくなる。トマスみたいに。

これは、「妬み」ですね。嫉妬心、嫉妬。「わたしは呼ばれなかった……」と。いろいろな嫉妬の種類がありますけれども、私たちはひがむ。他人の下になるのは嫌い、「わたし」が誉められないときに他人が誉められると嫌になっちゃう。それで、それをつぶしたくなる。

妬みというのは、私の母が言ったことなんですけれど、……私の母は１０２歳で死にましたけれど、１０２歳までしっかりしていました。面白いことを言っていた。妬みというのは、頭の悪い人の罪だと言っていました。何故かと言うと、他の罪には楽しいことがあります。すべての罪には楽しいことがあります、いけないけれども。例えば、食べ過ぎるというのは良くないけれども楽しいでしょう？　飲むのもそりゃあ楽しい。タバコ吸うのも良くはないけど美味しい。悪口を言うのは良くないんですけれども楽しい。寝坊するのも楽しい。すべては楽しい。ただ、妬みという罪は、楽しくない。全然楽しくない。悔しくて寝られないほど悔しい。だから、妬む人は、頭の悪い人です。「もっと楽しい罪を選べばいいいんじゃないですか」と言っていたんです。でも、とにかく、このトマスの駄々っ子、子どもっぽい態度は、よく私たちにもあります。

根本的にいえば、私たちの諸悪の根源は、エゴイズムと傲慢。そこからすべての悪いことが出てくると思います。エゴイズムというのは自己中心ですね。「私さえ良ければ」。自分の利益を考えて、自分が出世するために何でもする。他人を裏切ったりもする。そのエゴイズム。家族の中でも嫌な欠点ですね。家族のメンバーの中でもエゴイストは自分のことばっかりしか考えない。他人のことを考えない。

もう一つは傲慢。自惚れ。いつも「私が正しい」「絶対謝る必要はない」と上から下に向かって他人を見る。そして自分のエゴのため、自分の名誉のために行動する。そんな人は嫌われますね。そこから、すべての罪が出てくると思います。エゴと傲慢。それがこのトマスにありました。これを反省しましょう。

トマスの良いところ

ところが、この人にも良いところがあったんです。この人はこの時には悪いことをしたけれども、もっともっといい人だったので、腐っても鯛、ということになるんですよ。いい人だったんですよ。

どういう良いことをしたかと言うと、イエス様がエルサレムから離れたところに滞在していた時、マルタからメッセージが届きました。「ラザロというあなたの友達が病気で死にかかっています。早く来てください。」イエス様が「じゃあ行こう」と言った時、弟子たちは反対した。「今は絶対行かないで、危ないですよ。今は過越祭という大きなお祭りで、ユダヤ人たち、ファリサイ派とあらゆる人たちは、あなたを待ち構えていますよ。あなたが現れたら、絶対逮捕されて殺されますよ。そして、私たちも殺されるから、止めてください、今は行かないで」と。「でもね、ラザロは私の友達でしょう？　癒さなくては。私は行く」とイエス様。皆しーんとして、「行きたければ一人でどうぞ、私たちは行きません。」

ところが、このトマスは、こう言ったね。「我々も一緒に行って死のうじゃないか。死のうじゃないか。」そして、彼らを引っ張って行ったんですね。結局、ベタニアのラザロの家に行った後エルサレムでイエス様は殺された。イエス・キリスト教。

つまりこのトマスですね。「死のうじゃないか」「イエス様と一緒だったら死んでもいい」と言っていたくらいですから、イエス様を本当に愛していたんです。けれども、頑固で、子どもっぽい。妬みの気持ちから否定したんです。ところが、結局、トマスは頭を下げたんですね。「やっぱり私は間違っていた、私の神、私の主、私の神よ」と認める。謝る精神ですね。これを学びましょう。謝る精神は大事ですね。私たちは謝るということに弱い。形式的に謝る。「失礼しました」と言うけれども全然反省の色がない。ただ形の上で「失礼しました。」本当に自分が誤って悪いことをした時に、あるいは間違ったことをした時には、認めればいいのに、自己弁護で認めない傾向がありますね。それで、益々こじれるんです。だから、素直に認めればいい。結局威張っているから、傲慢ですから、認めたくないんですよ。

だから、私がよく引用する、ドン・キホーテの言葉。彼はスペインの侍。頭はちょっとおかしかったけれど、いいことを言うんです。この言葉が私は大好きです。「素直に行こうよ、素直に。威張るのは良くないことなんだ」と。単純な言葉ですが、すごくいい。「素直にいこうよ、素直に。威張るのは良くないことなんだ」と。理由を述べないから綺麗だと思います。当り前ですよ、「威張るのは良くないことなんだ。だから素直に行こうよ、素直に。」この言葉を自分に向かって言えば、少し謙遜になると思います。私たちは威張るんですよ、素直ではないから。喧嘩が多すぎます。必要でない喧嘩もあります。そして文句が多すぎるんですよ、素直ではないから。そして感謝をあんまりしない、素直ではないから。ですからトマスのように素直になって、間違えたり悪いことをしたりしたときはそれを認めましょう。「素直にいこうよ、素直に。威張るのは良くないことなんだ。」これを自分に向かって言うのがいい。

素直ということ

素直という言葉は、意味は広いですけれども、私はこの意味で今使っています。素直な人は、人生のささやかな喜びをつかんで嬉しいと感じる人です。人生のささやかな喜びをつかんで嬉しいと感じる人は、素直。その意味の素直さ。ですから、ささやかなことですよ、「今日はいい天気ですね、嬉しい」と感じる人は素直。「お茶が美味しかった」「あの人から久し振りに電話が来ました」というささやかなことで、嬉しいと言える人は素直。トマスは素直だったので、結局謝った。

イエス様の態度

イエス様の態度を見ましょう。イエス様の態度、これも面白い。イエス様はトマスに否定されたんですね。イエス様にとっては自分のメッセージの中で復活はすごく大切なことだったんです。でも、それを否定される、友達に。悲しかったでしょう、イエス様は。だから、二度現れるんですね。もし、私がイエス様だったならば、素直ではないので、ひねくれているので、そこにまた来た時には、トマスとは口をきかなかったでしょう。無視。背中を見せて、一言も言わない。冷たさで反省させようと思う。そして、ペトロに向かって「あのトマスに言いなさいよ、私はここにいると」と言って、トマスに直接言わない。あるいは皮肉を言うでしょう。

イエス様は違うんですね。そこに現れて、すぐ、トマスのところに行くんです。なるべく早く、なるべく直接。私たちも他人といろいろなことがありますね。嫌なこともあります。自分が悪いか、相手が悪いか、どちらかと言えば相手が悪い時もあります。その時は、自分のプライドが傷ついたので、その人に皮肉を言ったり、いやがらせをしたり、いじめたりする。あるいは、ひどい悪口を言ったり、いろいろなことをする傾向があるんですね。でも、イエス様は直接その人のところに行きます。これを学びましょう。

テクニックの面では、そんなにすぐではなくて少し時間を置いた方がいい時もあります。あるいは、個人的ではなくて、他の二、三人で行く方が良い場合もあります。根本的に言えば、直接、なるべく早く。直接、なるべく早く。

そして何を話すかと言うと、イエス様はトマスに対してもみんなに対しても、うらみを言わないんですね。うらみを言う根拠はあったんです。イエス様が逮捕された時、皆は逃げてしまったし、ペトロはイエス様を否定しました。そして、トマスのこの否定です。しかしイエス様は、一切うらみを言わないんですね。学びましょう。学びましょう。

私たちはくどいですね。皆さんはそうじゃないかもしれませんが(笑)、くどい人が多いです。家族に対しても、子どもに対しても。「こうした！」「ここが！」と。

そして、条件付きで許さない。条件、つまり無条件に許すということをしない。「今度こんなことをしたら、知らないよ。」「わかったか？　本当に分かったか？　ちゃんと見ている」と。でも、イエス様はそんなこと言いません。相手を信じる。そして一緒に喜ぶ。一緒になって喜ぶ。彼が喜ぶので、みんなも喜ぶ。喜びが移るんですよ。うらみといやがらせも移る、お互いに。ですから、相手を信じて、くどくど言わないという態度を見習いましょう。

でもね、イエス様は言うべき真実を言うんですよね。今読んだ聖書の箇所みたいに。「あなたは私を見たから信じましたね。見ないで信じる人になりなさい」と。それは言うべき。だから、相手を甘やかすことはない。相手の悪い所はきちんと伝えるけれども、くどくど言わない。怒りっぽく言わない。素直に相手を信じる。私たちは、相手の反省の色を見ない限り相手を信じない、という態度を取りがちですが、逆の順番の方がいい。「相手を信じて、相手の反省の色を心から引き出す」、これが本当の反省。本当に信じるということです。

信じるということは、まだ見ないことを信じるということです。あなたの子どもが何か悪いことをしたならば、百パーセントの反省の色を見てそして条件をつけて「もしもまたこんなことをしたら……」と言わなければならない時もあるでしょうけれど、いろいろな子どもがいるし、いろいろな状況もあるので、まず、信じましょう。全面的にそうしてはいけないと言いませんが、私たちは大抵くどい。そしてあまり信じない。もうちょっと信じましょう。

これは昔の話ですが、私は、他の学校の高校の卒業式のゲストスピーカーを頼まれて行きました。私はその頃、大学の男子寮に学生たちと一緒に住んでいました。式の前の夜、私は準備していました、何を話せばいいのか考えていた。10分間話すのです。あそこの学校の式は高校生から中学生まで全員いるんですよ、中1から高3まで。そしてご父兄の皆様と先生方も全員いるのね、ちょっと怖いですね、あそこ（笑）。だから準備してたんです、何を言おうかな、何を言おうかなと考えていた時に、二、三人の寮生が「ちょっと話をしましょうよ」と言って来た。彼らとの話の途中で、私は学生に訊きました。「私は明日この話をするので、で、何かアイディアがありますか？　お父さんたちやお母さんたちもいるので、何を言えばいいと思いますか？」すると一人の一年生は、迷わずに「先生、こう言ってください『子どもたちをもっと信じてください』」そう頼んだのね。「『子どもたちをもっと信じた方がいい』と言ってください。」「はぁ……。」それで、卒業式でそれを言いました。皆、親は頭を下げていましたね（笑）。そうそう、そうですよ。もっと信じた方がいい。

何度も言うことですけれども、信じるときには、目も心も開いて信じるんですね。「目を開いて心を閉じる」ということは、信じないということですね。今言っている欠点ですね。目をぱっちりにして、裏の裏まで見すぎちゃって、心を閉じる、それは信じないということです。その寮生はその態度をおもに攻撃したかったみたい。二番目の信じ方もあります。「目を閉じて心を開く」。これも良くないですね。「目を閉じて」それは「信じすぎる」ということです。信じすぎる、お人良し、騙されやすい。理想は「目も心も開いて信じる」。いつか、このようなことについて、また話が出るでしょうけれども、トマスのことでした。

じゃ、次のこと。

1―3　水辺に立っておられたイエス様（リーダーシップについて）

ガリラヤ湖畔での出来事（1）

これから話す聖書の箇所は、今読まなくてもいい。あとで読みたければそこを読んでください。今言うとみんな読んで聞いてくれないから（笑）。

今、おもにご復活のことを話している。今日のメインテーマはそれです。では、ガリラヤ湖での出来事です。この湖はティベリアス湖という、ローマ皇帝ティベリアス帝に由来する名前と、ゲネサレト湖という三つの名前がある。とにかく、その湖にいたんですね、イエス様がね。皆は船に乗って漁に行ったんです。魚を釣りに行った。でも、何も獲れなかった。イエス様は、岸に立っておられた。そして岸から、「何か食べるものがありますか?」と聞いた。「ありません。」「じゃあ、右の方に、右側に網を打ってみれば獲れるでしょう」と言った。やってみたら、すごくいっぱい獲れました。そして、皆は岸に戻った。イエス様はその岸で、彼らのために朝ご飯を準備して、魚とパンを焼いていて……そのような話があります。

この話が象徴していること

「湖」はこの世の中で、「船」は、ペトロの船は「教会」という意味もあります。「漁に行く」、「魚を釣りに行く」。「魚」というのは「人間」ですね。「わたしはあなたがたを人間を獲る漁師にする」とイエス様はおっしゃった(2)。つまり弟子たちは布教していた。弟子たちはこの世の中であまり上手くいかなかった。一方、キリストは船に乗らず、湖にも入らないで、外の一番近いところに立っていた。立っていたんです、水辺に。それをふまえて、私は皆さんと一緒にこれを考えたいと思います。

辞め方で分かるリーダーシップの質

リーダーシップについて考えましょう。キリストのリーダーシップは素晴らしい。

皆さんは、今自分の家族のリーダーですね。会社とかあるいは近所とか、仲間とかいろいろな所で、リーダーでなければならない。そして、辞めなければならない時もあります。そこで私は考えます。

リーダーが辞めてから、そのリーダーシップの質が分かると思います。リーダーである時には、良いか悪いかそれ程分からない。リーダーシップの質は、リーダーが辞めてからそのグループがどうなるのか、それで、分かる。

あるリーダーは吸引力があって魅力があって、自分で人を集める力があるけれど、自分がいなくなると全部崩れてしまう。それは悪いリーダーですね。皆さんもリーダーですから、ご一緒に考えてみましょう。一つのフィクションで考えましょう。ある三年生の男子学生が、そのサッカー部の部長だったとします。三年生で、就職活動が始まりますので、辞めて、他の人が部長になる。その彼の辞め方には、四つの辞め方が考えられると思います。

四種類の辞め方：一つ目

一つ目の辞め方は、これです。リーダーを辞めて無関心になる。クラブに対して無関心になる。私たちはいろいろとこの傾向がありますよ。リーダーであった時にはすごく熱心に活動していたけれども、リーダーでなくなったら興味が無い。もう部室に入らない。試合を応援しに行かない。何にもしない。悪い意味で「足を洗った」と。それは、この人は元々クラブを愛していなかったという印みたいですね。

四種類の辞め方：二つ目

二番目の辞め方。もっと酷いですけれども、「私がリーダーを辞めてから、このクラブがつぶれたらいいなぁ」と望んで辞める人です。「私が辞めてから、このクラブがつぶれたらいいなぁ」と望んで辞める人です。言うまでもなく、表ではこの気持ちを出さないのです、絶対に。表では「このクラブの発展を望んでおります」というような決まり文句を言うんですけれど、実は、後輩たちの悪口を聞くのが大好きですよ。「先輩、先輩がいた時このクラブは良かった。面白くない、今は。」「そうですか？　それは困りますね。」困りますだって？　全然困らない、嬉しくてしょうがないのです。だって、私がリーダーだった時には素晴らしかった、今は見る影もないということは、私が素晴らしいリーダーだったことが、これで分かるんじゃないの？　つまり、エゴと傲慢ですね。自分のためにそのクラブを使っていて、もう今はクラブなんてどうでもいい。これは、すごく露骨に言ったので、私たちには関係ないと思うかもしれません。けれども、考えてみれば、大いに関係があると思いますよ。私たちには、その醜い傾向があります。

四種類の辞め方：三つ目

三番目の辞め方。これは、リーダーを辞めて黒幕になる、という辞め方です。黒幕になる。つまり、糸を残して、次の部長のやり方を妨害する。表に出ないんですよ、一旦下がって隠れた所で糸を残して、次の人をマリオネットにする。操り人形にする。この感じですね。辞める前に、今度副部長になる人と会計係と他の重大なポストの人を呼んで「あのぉ、バイトの金が入ったから、一杯呑んで帰らない？　おごってあげる。」「あぁ、いいなあ。いい先輩だなあ。行こう行こう。」「いいよいいよ。」呑んでいる時に「あのなあ、これから総会の前にね、電話一本入れてくれる？」「ああ、入れますよ、それはもちろん先輩に入れます。」「で、議題を言ってね。」「ああ、もちろん言いますよ。じゃあ呑みましょう。」ある夜、先輩のところに電話がかかってきて「先輩、明日、総会があります。」「そうか、で、議題は？」「これと、これと、これと、これ。」「駄目だよ、絶対駄目だよ。それを通すとクラブはつぶれるよ、分かった？　絶対反対するんだよ、分かった？」「分かった。」「はい。」ガチャン。総会が始まって、新しい部長は素直に、「私の方針はこれですけれども、いかがでしょうか？」副部長は「それはマズイと思います。」会計係は「それは反対。」みんな反対。部長は何にもできないんですよ。黒幕が糸を握っているんですね。

あなた方には、当てはまる危険性があります。それは、子どもにマザーコンプレックスを入れ込むことですね。さりげなく、何気なく、わざとらしく、マザーコンプレックスを入れ込むと、その子どもがいつまで経っても、お母さんを必要とするんです。やっぱり誰だって、必要でありたい。ですから、辞めるのは難しい。あなたは今子どもたちがこの学校に来ているけれども、まだあなたに頼りますよ、ある程度。ところが結婚したら、時々遊びに来るけれども、もう自分の家族があるのであまり頼らない。すると悲しくなるでしょう。当然、必要でありたい。

私は五人兄弟でみんな男ですけれども、私は一番下です。二人は司祭です。あとの三人で、21人の子どもを作ったので、良い成績ですけれども（笑）。とにかく、それはそれとして、一人の兄が、僕に言っていたんです。彼には5～6人の子どもがいたんです。その頃はもう大学生程度ですね、みんな大きい。大きくなった。いつか私にね、話していた。「この子どもたちはね、昔ちびっこの時には、日曜日の昼ご飯は大変だったんですよ、家は。」あの当時のスペインの一番家庭的なご飯は、日曜日の昼、あとは子どもたちは早く寝るか、それとも学校にいるかだった。そこでみんな集まるんです。兄は言いました、「大変だったよ、この子どもたちは、物を壊したり、賑やかで……。でもやっぱり楽しかったですね、自分の子どもたちと一緒にいるのは。今では、日曜日の朝、長男は、『僕はバスケットの試合があるから、ご飯いらない』と。『いいですよ、頑張ってください。』次男も『今日はサッカーの試合があるから、もうご飯いらない。』『あぁ、じゃあ頑張ってください。』長女は『私はデートですから、ご飯いらない。』『あぁ、頑張りすぎないでください』と(笑)。で、次の子は、『山に行くから』と。『頑張って。』」

兄は「結局、今はお母さんと私だけ。彼女と私だけ」と。私は兄に「それを寂しいと思わないでくれよ」と言ったんです。兄は「寂しくはないよ。楽よ。だって子どもたちはたまに外に行った方がいい、いると『あれもちょうだい、これも』と要求ばっかり。いいよ、もういなくていいよ。遊びなさいよ。でも、悲しいのは、『あぁ、私たち親はもう必要でなくなったな』ということ。これを受け入れるのが一番辛い」と言った。

子どもたちはちびっこの時には、親がいないとアイスクリームすら食べられないんですね。成長した今は、幸いに、私たちがいなくても生きていけるんですよ。実はそのために教育したんですよ。私たちがいなくても、子どもたちが自分の足で立って、ちゃんと生きていけるように育てたつもりです。が、いざとなると、悲しい、辛い。人間は必要でありたい。だから、親は黒幕になり得るの、なる誘惑を感じる。この子どもが、自分の息子がいつまで経っても私を必要としたら、「私は必要だ」という自己満足を味わう。その気持ちは誰だって分かるけれども、気をつけなければいけないことがある。

このことがあります。息子が結婚してから、母親はお嫁さんに「私の大事な息子を、どうぞあなたに任せる」と言います。とんでもないよ、黒幕ですよ。お嫁さんが「子どもをあの保育園に連れて行きましょう」と言うと、旦那さんは「いや、ママはあっちの方がいいと言っている。」「あ、そうですか。」「夏休みはあそこに行きましょうよ。」「いやママはあっちの方がいいと言っている。」「そうですか。」「このカーテンは緑にしましょう。」「いやママは茶色がいいと言っている。」

お嫁さんは言います、「あなたは誰と結婚したんですか？　私ですか？　ママですか？」と。それでこじれる場合が多いでしょう？　ひょっとしたら皆さんは、そのことは苦い経験でよく分かっていらっしゃるかもしれませんが、少なくとも皆さんは自分の子どもに対しては、その態度をとらないでください、と思います。

四種類の辞め方：四つ目

四番目の辞め方は、基盤を残す。つまり規約とかルールか何か。何もないと、次の人はできない。何か客観的なものを残して、そして、後輩たちを信じて、思いやりの上、去る。思いやりの上、辞める。この「思いやりの上」ということを強調したいと思います。

例えば、学生のあのサッカークラブは、夏、山中湖に、木・金・土・日の合宿に行きます。辞めた先輩は就職しているので、土曜日の夜、車で合宿所に行くんですね。差し入れも持って行きます。そして夕食の後に皆で食べたり飲んだり、楽しく過ごします。その時に、彼がアドバイスを頼まれたら、今の状況に合うようなアドバイスをする。参考意見として、「私たちはこういうふうにやっていたけれども、皆さんは、そうそうそう……」というふうに、頼まれたら言いますが、アドバイスを頼まれなかったならば、先輩は「黙ってサッポロビール」。ただそばにいる。差し入れは持って行く。必要なことはするけれども、求められなければ、ただそばにいる。応援しに来る。これは最高。まるでイエス・キリストみたい。邪魔しない。船に入らない。でも、一番近い所にいてアドバイスをしたりして、そして魚とパンを持って待っている。これは、いいリーダーです。このようなリーダーになるようにしましょう！

では、今日はここまでにします。「聖母マリアへの祈り」（２５６頁）を唱えましょう。

お疲れさまでした。ありがとうございました。また今度どうぞ。

（平成22年5月6日）

（1）「イエス、七人の弟子に現れる」（ヨハネによる福音書21章1節〜14節）

その後、イエスはティベリアス湖畔で、また弟子たちにご自身を現わされた。その次第はこうである。シモン・ペトロ、ディディモと呼ばれるトマス、ガリラヤのカナ出身のナタナエル、ゼベタイの子たち、それに、ほかの二人の弟子が一緒にいた。シモン・ペトロが、「わたしは漁に行く」と言うと、彼らは、「わたしたちも一緒に行こう」と言った。彼らは出て行って、舟に乗り込んだ。しかし、その夜は何もとれなかった。既に夜が明けたころ、イエスが岸に立っておられた。だが、弟子たちは、それがイエスだとは分からなかった。イエスが、「子たちよ、何か食べるものがあるか」と言われると、彼らは「ありません」と答えた。イエスは言われた。「舟の右側に網を打ちなさい。そうすればとれるはずだ。」そこで、網を打ってみると、魚があまり多くて、もはや網を引き上げることができなかった。イエスの愛しておられたあの弟子がペトロに、「主だ」と言った。シモン・ペトロは「主だ」と聞くと、裸同然だったので、上着をまとって湖に飛び込んだ。ほかの弟子たちは魚のかかった網を引いて、舟で戻って来た。陸から二百ペキスばかりしか離れていなかったのである。さて、陸に上がってみると、炭火がおこしてあった。その上に魚がのせてあり、パンもあった。イエスが、「今とった魚を何匹か持って来なさい」と言われた。シモン・ペトロが舟に乗り込んで網を陸に引き上げると、百五十三匹もの大きな魚でいっぱいであった。それほど多くとれたのに、網は破れていなかった。イエスは、「さあ、来て、朝の食事をしなさい」と言われた。弟子たちはだれも、「あなたはどなたですか」と問いただそうとはしなかった。主であることを知っていたからである。イエスは来て、パンを取って弟子たちに与えられた。魚も同じようにされた。イエスが死者の中から復活した後、弟子たちに現れたのは、これでもう三度目である。

（2）「四人の漁師を弟子にする」（マルコによる福音書1章16節～20節）

イエスは、ガリラヤ湖のほとりを歩いておられたとき、シモンとシモンの兄弟アンデレが湖で網を打っているのを御覧になった。彼らは漁師だった。イエスは、「わたしについて来なさい。人間をとる漁師にしよう」と言われた。二人はすぐに網を捨てて従った。また、少し進んで、ゼベダイの子ヤコブとその兄弟ヨハネが、舟の中で網の手入れをしているのを御覧になると、すぐに彼らをお呼びになった。この二人も父ゼベダイを雇い人たちと一緒に舟に残して、イエスの後について行った。

2　家族のコミュニケーション—マリア様をお手本に

2-1　今日の話の背景

今日のテーマ：家族のコミュニケーション

おはようございます。今日、皆さんと一緒に考えたいのは、家族、家庭とコミュニケーションです。お子さんたちとそして夫婦の間の家族における話し合いの精神。これはもちろん友情のためにも、会社にも、近所にも、すべてのコミュニケーションにあてはまりますが、おもに親しい人と、つまり家族の人たちとのコミュニケーションについて話します。

今日の話の背景：思い巡らされていたマリア様

背景として、マリア様を見ましょう。皆さんはお母さんですからマリア様をお手本にすればいいと思います。

この場面です。イエス様が12歳の時に、ご両親と一緒に巡礼でエルサレムに行きました[1]。そこに一日いて、そしてみんなが帰る時には、イエス様はわざわざ神殿に残りました。親に何も言わないで。親は帰ります。ヨセフ様（イエス様のお父様）は、「イエスはお母さんや女性たちと一緒にいるだろう」と思い、お母さんは、「男性たちといるだろう」と思って、お互いに信じて帰った。しかし、止まった時にはイエス様がいない。

「彼はどこに？」両親は一日かけてエルサレムに戻ったんですね。三日後に、やっと神殿の中でイエス様を見つけるんです。これは将来のシンボルにもなりますけれども、イエス様は聖書の学者たちと対等に質問したり返事をしたりしていたので、それを見たマリア様は当然怒りましたね。だって、12歳の子どもですよ。3歳だったら、迷子になったら可哀想ですが、もう大人、ほとんど大人なのに何故？「何故こんなことを私たちにしましたか？　お父さんと私は必死になって探していたんですよ。」イエス様の答えは、「私が私の父の家にいなければならないということを知らないのですか？」という、ちょっと見れば、冷たい返事です。もちろんその返事の意味は、将来のイエス様の生き方ですね。家族をすごく大切にするけれども、何よりも神に従う、縛られることがない。「私が神のところにいなければならない時には妨げないでください」ということを語った。ところがマリア様はその返事の意味は分からなかった。分からなかった。でも、その分からないことを、心に納めて、思い巡らしていた。これを背景にして、今度は私たちの、話し合いについて考えましょう。

2-2 家族のコミュニケーション

話し合いの質：三つの種類の『爆発』

コミュニケーション。小さなことについても大きなことについても、よく話し合った方がいいと思います。問題が起こる前にも、問題が起こってからも、よぉく話し合った方がいいと思いますね。でも話し合いの質は、いろいろあります。今日はこの「質」について話したいと思います。つまり喧嘩に近いような話し合い。私の言葉で「爆発」と言います。三つの種類の爆発が考えられると思います。

第一の種類は、「シャボン玉」と呼びたい爆発です。シャボン玉。つまり軽いもので、日常生活で、よく何回もポンポンポンポンするんですね。「靴下をここに置かないで下さいよ、もう！」「あの鍵、誰が持っていたんですか?!」「どうして電気を消さないんですか！」そのようなことです。それはシャボン玉。お互いにあまり傷つかない。プライドが傷つかない。

二番目の種類は、「小爆発」。小さな爆発。これは一番大事ですので、その説明は後にします。

三番目の爆発は、「大爆発」。大きな爆発。つまり、冷静に、本気で、さようなら、という爆発。その「大爆発」まで行かないためには、一番目、そしておもに二番目の爆発を適当に使った方がいいと思います。

あるドラマの話

一つのドラマを持ち出します。6〜7年前のテレビドラマだったと思いますけれども、『熟年離婚』をご覧になりましたか？　私は全部は観ていない。最初のところだけしか観ていない。面白かったけど……途中からはあまり観なかったけど、こういうことでした。

有名な会社の偉い人が、男性が、定年になる。退職。定年退職。家族は家でお祝いを用意しています。お母さんはお父さんの隣に、お父さんは真ん中に座っています。そして孫たちと子どもたちがみんな集まっていて、素晴らしいご馳走がテーブルの上に並べてある。皆楽しく話していたら、長男がお父さんと結婚について話をし始めた。その長男は同棲していたんです、結婚しないで。お父さんはそれが気に入らない。「結婚はね（強い語気で）！」というような強い言い方をしていたんです。その言い方を聞いた奥様は、「あなたはいつもこの言い方で話しますね。」「おまえ、黙ってろ！」すると突然奥様は「……離婚してください」と言う。彼は冗談だと思った。38年ぐらい一緒に住んでいたんです、子どもは三人か四人います。それなのに「離婚してください」と。「そんな?!」「いや、本当に離婚してください。」「……えっ?」妻が夫にこのようなことを言うのは初めてですよ。「なんで?……なんで?」「あなたは私に『ありがとう』と一度も言ってくださったことがありません。そしてまた、あなたはあなたの価値観や考え方を押し付けるんです、いつも。私の幸せが何かということをご自分で決めて、私に押し付けるんです、いつも。例えば、この立派な家、私はこんなに立派な家は必要ないと思ったんです。むしろあなたにもっと家にいて、もっと子どもたちと一緒に遊んでほしかったのに、ちっともいない。全部そうだった。もう疲れました。離婚してください。」彼は、彼女が本気でそう思っていたところを見て、テーブルクロスを取って、ひっくり返す。ご馳走は全部流れるんですね。それで、一回目の放送は終わりました。そこまでしか観ていない（笑）。では、これを考えましょう。

彼女は何故いきなり大爆発してしまったのか？

このドラマを観ると、たぶん皆さんの多くは彼女の味方になります。まあ、「離婚してください」まで行かないと思うけれども、頭に来ていた、すごく我慢をしていた、ということは分かりますね。夫がいつも頭から「おまえ黙っていろ」では感心しないです。その点では彼女の味方ですけれども、何故彼女はそのことをもっと早めに言わなかったのかと思います。つまり、何故「小爆発」しなかったんですか、その前に。ストレートに「大爆発」に行ったんですね。「感謝してください、ありがとうと言ってください、そして私の立場からも考えてくださいということを早めに言えば良かったのに。昔からのことだったでしょう？

38年前から。早めに言っていたなら彼は直そうとしたでしょう、ある程度。だって、彼女をすごく愛していましたよ、彼は自分なりに。どうして言わなかったんですか、ということで、彼女に対して怒りを感じるんですよ。

ところが、もう一度考えてみると、やっぱり彼女が言わなかったのは、言えなかったから言わなかったのでしょう。言えなかった……。つまり「小爆発」はできなかったわけです。ではここで、「小爆発」とは何かということを明確にしたいと思います。私は次のようなことに対して、この言葉を使います。これから説明するこの三つのことが重なる時に、「小爆発」ね。

小爆発：三つの要素

一つのことは、自分には言いたいことがある、相手に対して。子どもに対してであれ。しかも、その言いたいことは、靴下がどうのこうのということではなくて、もっと相手の性格、相手の生き方、相手の価値観と関係のあることで、ちょっと重大な話。小さいかもしれないけれども、繰り返されるので、どうしても気になるので、やっぱり言いたいことがあります。

もう一つのこと、言った方がいいと思っています。言うべきことだと思います。言わないと相手が反省しない。私の忍耐力には限度があります。しかも、私だけではなくて、たぶん、この方は他の人たちに対しても同じことをしているかもしれません。みんな困っているので、やっぱり言った方がいいと思っています。

ところが三番目のこと、言いにくい。言いづらい。怖い。怒られるということが怖いというのではなくて、この人を必要以上に傷付けるかもしれない。この人のプライドに必要以上に傷を付けるかもしれない。それで、かえって落ち込むかもしれない。あるいは、縁が切られるかもしれない。

その三つのことがあって、つまり「言いたいことがあって、言うべきことであって、でも言いにくい」。それを打ち明けるのは、「小爆発」するということです。冷静に、皮肉を使わないで、ただ素直に言う。この「小爆発」を言った方がいいと思います。それは、「真実は最高の親切」ですから。真実は最高の親切です。

真実は最高の親切：スペインの甥っ子の話

ふと思い出しましたけど、このようなことがありました。私がスペインにいた、二十何年も前の夏休みのことです。もっとかな。私は一人の兄の家にいました。その兄には8人の子どもがいて。一番小さい子どもたち、あの頃は一番末っ子は3歳ちょっとだった。その上の女の子も、その上の男の子も幼かった。その3人がいつも一緒に行動していたんです。あとの子どもたちはもうちょっと大きかった。

一番下の男の子は面白くてしょうがない。面白いことを言うんです。そのような人がいるんですね。どの子も皆可愛いことを言うんだけれど、この一番末の男の子はスーパースターだった。何か言うと皆げらげら笑う。ほんとに面白い。テレビのことをタイミング良く入れたりして面白い。冗談が上手い。その上の子どもは女の子で、金髪で人形みたい。可愛い、可愛いと皆に誉められて。更にその上の男の子は、普通の男の子で、どこに行っても無視されていたみたい。末っ子は面白い、このお姉ちゃんも可愛い。でも彼を誉めてくれる人はあんまりいなかったので、劣等感に陥っていたんですね。自分は妹の美しさに勝てるわけないのでそれはほっておいたけれど、弟の面白さに負けるもんかと思って、冗談を言い始めたんです。ところが、面白くない冗談で（笑）、何となく皆しらける。「あ、そう、そうですね、面白い、面白い」って大人が言う、でも全然面白くないと思っているんです。本人もそれは分かります。その直後に偶然に末っ子がポツンと何か言うとみんながゲラゲラ笑うので、ますます妬んで妬んで、彼は駄目になりそうになる。

そこで、彼のお母さん、私の義理の姉は、私に「(下から二番目の男の子に)話してみます」と言った。「何を話すんですか？」「こうこうということ。」私はこれはちょっとまずいかもしれない、彼はまだ小さすぎると思いました。それで「傷つくと思いますよ。大人だったら分かるけれども彼はまだまだ小さい」と私は言いました。でも、お母さんは「いや、今でないと手遅れ。今のうちにしないと、その劣等感は固まる。だから話してみます。」「どうぞ」と私は言いました。彼女の子どもですから。

私が同じ部屋にいた時に、息子を呼んだんですね。お母さんは言いました。「あのね、あの、君にはいいところが沢山ありますよ。皆に好かれていますよ。

みんなに尊敬されています。だから、自分でいることがいいです。はっきり言って、あなたは冗談はあまりお上手ではない。」すると、言われた彼は、こう、すっごい怒った顔をしたんですね、目つきを。無礼なことを大好きなママに言われて、その上、「あなたの弟は非常にお上手」とも言われた。これはもう耐えきれん。お母さんはさらに「だから、真似しないで、自分らしく生きてはどう？　あなたはあなたで生きるようにしなさい。真似しないで」というようなことを言ったら、私が予想したとおりですよ。あの子は泣きそうになって出て行っちゃった。その後しばらくの間、駄々っ子して、「ご飯ですよ」「ご飯いらない」って言うんですね。「雨が降ってるから、傘を持って行きなさい」「傘いらない」と反抗ばかりしているんですね。「もう寝る時間ですよ」「眠くない。」

でも、三日間くらい経ってから、昼食の時みんなと一緒に座って、「分かったよ」と言う。「何が分かったんですか？」「分かったよ、分かったんだから、分かったよ。」その時から、弟が冗談を言う時に、彼は本気で笑えるようになった。笑って、自分は冗談を言わないで、妬みが治った。やっぱり、お母さんに言われて良かった。言われなかったならば、ますます傷が深くなって治りにくくなる。そのタイミングは難しい。

確かに「真実は最高の親切である」。ところが、よく狙わないといけない。傷をつけ過ぎると大変ですね。だから、その判断が難しい。真実は最高の親切です。でも、場合によっては「知らぬが仏」という態度を取った方がいい時もあります。知らない、今。それで、「忍耐と信頼感」「忍耐と信頼感」、この道を何回も私たちが通らなければならない時もあります。

忍耐と信頼感：ある合宿での二人の女性の話

積極的に何も言わない、ということもありますね。かつてこんなことがありました。二人の女性がどこかの合宿に行った。二人の女性。難しい（笑）、仲が悪い。この二人のことでメンバー全員が不愉快になるので、私は彼女たちに何か言おうと思った。でも、頭ごなしに「もっと仲良くなりなさい」と言ったとしても、とうてい上手くいかない。だから、放っておいて、じっと見ていた。さりげなく何気なく。すると二人は、だんだん友達になった。今でも割に仲がいい。仲良くなった。

私が入ったならばこじれたでしょう。でも積極的に、言わないことを決めた。「積極的に」というのは、「言うのは面倒くさいから」あるいは「怖いから」本当は言った方がいいけれど言わない、というのではなくて、言う勇気が十分あったけれど、「今言わない方がいい」と思った。でも一概に言えません。ですから、忍耐と信頼、信頼感が必要ですね。

小爆発を可能にする四つの条件：その1——対等な立場

この小爆発ができるには、四つの条件が考えられます。四つの条件。一つ、「対等な立場で付き合うこと」。対等に付き合う。そのドラマにはこれが無かった。「おまえ黙ってろ」と、いつも頭ごなしで、彼女は話しても仕方がないんですよ。相手が圧倒的に強いから。頭も良くて、やり手ですから、相手にされない。だから、話しても仕方が無いので話さなかった。

対等に……でも、今はだいたい女性の方が強い（笑）。男性よりも。いつか、あ、そうそう、パパの広場（雙葉学園に在籍する児童・生徒の父親たちの会）の合宿でのことです。二〜三年前、二年前かな、まず私が話して、グループディスカッションがあって、その後発表がある。私は、「対等に、つまり、男性が自分で強いと思ったら、奥さんの程度まで自分を落として、あまり上からのようなことをしないように。」そのような当然のことを言ったんです。すると発表の時に、一人の可愛らしい男の人が、「私たちの問題は、どうやって妻を私たちの方まで引っ張ることができるかです」(笑)。下に引っ張るのは、引き下ろすのは一番難しいことでしょう?! 女性の方がずっと上にいて命令している、カカア天下でやっているということ。とにかく、平等。平等でね。

だいたいバランスが良くなっていますね。この点では男性、この点では女性で、上手く行ってるの。でも場合によって、圧倒的に片方が強い。女性は力は無いけれども、敬語で、綺麗な敬語で厳しいことを言う時もありますね。女性の敬語が一番怖い(笑)。

こんなことがありました。私は、結婚式の司式をする時に、式次第を新郎に渡して、「二人の真ん中に置いて、二人で歌ってください」と言いました。でも彼が真ん中だと思っているところは、実は真ん中ではない。花嫁にはベールがあって広がっているのに、彼はそれに気がつかない。これは将来のシンボルですよ。

すべてに対して対等にやってあげてください。あなたの方が有利ですよ。家事の面でも、いろいろなことでも、片方が強い。なのに、気がつかない。ですから、本当の意味で、対等な立場で付き合う。これが一つの条件。

小爆発を可能にする四つの条件：その2―相手の立場からも考える

二番目の条件は、「相手の立場からも物事を考える」。「相手の立場からも物事を考える」。これについて、ドラマの奥様もさかんに言っていた。「あなた、私の立場から物事を考えないんですね！」夫はいつも自分の角度から全部決めるんです。だから、その態度を取っている人と話しても仕方が無い。分かってくれそうもないんです。

相手の立場から考えるということは、どういうことでしょうか？　もうちょっと具体的に言ってみますと、一つはね、「何故この人がそこまでしなければならなかったのか」ということを考えるのは、いいですね。何故この人がこの態度を取らなければならなかったのでしょうか？　その人はあなたに対してひどいことを言います。ヒステリーを起こして。その時、何故この人がヒステリーを起こしたかということを考える必要があります。普通は考えない。私たちは、その人のヒステリーを見て、「なんでこの人は子どもっぽいの！　自己弁護で責任を逃れている」と思う。そうじゃなくて、「この人には理由があるでしょう。このことを何回も私に訴えたのに、私はいつも強い立場から、却下していたかもしれない。だから今、小さなことで頭にきて、爆発したんです」と考えてあげることは大事です。ね？　何故自分の娘はその態度を取ったんですか、理由があるはずですよ。それが分かった上で、なおかつビシビシしなければならない時もあります。まず分かった上で。

相手の立場から物事を考える、もう一つの意味は、あのゲーテの言葉。「相手が何を言ったかということよりも、相手が何を言いたかったか、ということを理解できない人は子どもっぽい」。この言葉です。「相手が何を言ったかということよりも、相手が何を言いたかったか、ということを理解できない人は子どもっぽい」。これは私たちにも当てはまりますね。相手が言った言葉にこだわり過ぎて、相手が言いたかった中身を理解できない時もあります。それは子どもっぽい。そして、必要でない喧嘩が多すぎます。必要でない喧嘩。相手の言葉を悪く解釈して結論を出す。それは子どもっぽい。相手が使った言葉に問題があれば、後で、「ちょっと、この言葉づかいを注意してください」と言えばいいんです。相手が言ったことを広い心で、良く解釈して、なるべく良く解釈して受け止めれば、大抵納得できます。納得いくんですよ。でも、狭く考えて、悪いところを強調して受け止めれば、頭にくる。そして必要でない喧嘩をする。それは子どもっぽい。

私がよく使う言葉ですけれど、「愛されることは、自分の権利ではありません。相手からいただく贈り物です」。「愛されることは、わたしの権利ではありません。相手からいただく贈り物です」。こういうふうに、この姿勢でつきあっていればいい。自分の魅力と価値で獲得した権利ではない。相手からのプレゼントです。それで、感謝と謙遜が生まれます。

小爆発を可能にする四つの条件：その3—謝る精神

三番目の条件。「謝る精神」、謝る精神。謝るのは面白くない（笑）。みんな嫌がるんです。だって、自分が間違って相手が正しかったということを認めるのは、誰だってプライドがあるので、キツイ。でも、私たちの幸福感を深く考えれば、私たちの諸悪の根源はエゴイズムと傲慢です。エゴイズムと傲慢、これは私たちの諸悪の根源です。謝らない精神はそこから出てくる。謝ると損する。そして、謝ると自分のプライドが傷つく。「私が失敗した」ということを認めるのは嫌だ、だから謝りたくないと思うでしょう。でも、謝る精神が無ければ話しても仕方が無い。私が何を言っても、相手は自分の意見を強調して絶対負けないという態度を取るのならば、もう話さない方がいい。無駄です。このことも相手にも無かった、このドラマの。

小爆発を可能にする四つの条件：その４―時間のゆとり

四番目。これは皆さんには難しいことでしょうけれども、「時間のゆとり」。話せる時間のゆとり。私がパパの広場で見ている男性たちは、すごく忙しいですね。夜、家に帰って来てもあまり時間は無い、あくる日朝早く家を出てしまう。

私は結婚式の司式をする時、ちょっと理想的過ぎ、理想ですけれども、「できることなら、子どもたちを寝かせてから、あるいは勉強させてから、夫婦が二人っきりで、十分間、十五分間くらい、一緒に過ごせばいい、毎晩」と言います。できることなら、毎晩。それは無理でしょうけれども、時々は十分間、十五分間一緒に過ごすこと。話す話題は何でもいい。何も話さなくてもいい、ただ、一緒にいればいい。そこにいれば、小爆発はできます。必要だったら言える。そのような場が無ければ、小爆発しようと思ってもできないんですね。その話し合いは三十秒でできることではないんですね。

このドラマの彼は、非常に忙しくて、家にも遅く帰ってくる、ちょっと酔っぱらって帰って来て、土曜日は付き合いでゴルフに、日曜日は寝て暮らすのでほとんど話せなかったんですね。だからこのようなことが起きた。話さないと、積もりますね。「真実は最高の親切」ですけれども、逆に言えば、「真実を言わない人は一見優しいと思われますが、本当は一番不親切な人です」。「真実を言えない人は、一見優しいと思われますが、本当は一番不親切な人です」。時間がたってからでは全部いっぺんに大爆発するので、このドラマのこの奥様みたいになる。でも時間が無いと難しい。言わないからといって忘れたとは限らない。残ります。

ですから、この四つの条件を作らないと話しにくい。

小爆発の時のアドバイス

そして、爆発される時には面白くないんですね。いくら丁寧に言われてもやっぱり自分のプライドが傷つくし、自己弁護が強くなる。感情的になる危険性があるので、このような喧嘩みたいなことがあれば、私は次のことを薦めたいと思います。

まず、「慌てないこと」。慌てないでください。慌てますね、このような時には。ドラマティックに、「ああ、この人はこう言った、私はこの人にとってはもう何でもない、もう愛情が無くなった、どうしよう、もう別れようかな、もう……」そんなに慌てないでよ！　そんなに大事なことではない。何とかなりますよ。慌てないこと。

もう一つ、「信じること」。まず自分を信じるように。自分の愛される価値と魅力を信じること。自分の愛されるほどの価値と魅力。自分が世界一の素晴らしい人間だとは思わないでしょうけれども、十分愛される価値と魅力があると信じましょう。それを信じない人は、人からの愛をも信じない。愛を同情にすぎないと思ってしまう。ですから、自分を信じること。そして、相手を信じる。相手は今憎いことをした、憎いことを言ったけれども、それでも信じます。信じる。

それから、もう一つ、「感謝する」。喧嘩している時こそ、感謝の気持ちを思い出してください。ただし、そのことを喧嘩の最中には言わない方がいいと思います。わざとらしいと思われますから。でも、「この人はあの時にもあの時にも私のためにすごくいいことをしてくれました」と思い出す。心の中でもう一度思い出してください。嫌なことがある時に。

それから、もう一つ、「話し合ってください」。皮肉を言わないで、自分の意見を通そうとはしないで、ただ「自分はこう思います。どうでしょうか？」と。個人攻撃をしないで。個人攻撃をされると頭にきてお互いに攻撃する、それはよくない。

もう一つの動詞、「許しあって」。許しあってください。自分のエゴイズムと傲慢が強ければ許さないですね。自分のプライドに傷をつけたので許したくない。でも信じて、感謝して、小さなことも、大きなことも許し合うように。小さなことは難しくはない。大きなことは許しにくい。でも、それも許し合うように。いいですね。

そして、最後に、「今までよりも仲良くなってください」。今までよりも仲良くなってください。喧嘩の目的は、より仲良くなるということです。そのために喧嘩する。喧嘩しない方がいいかもしれませんけれども、そのためにする。決して自分の怒りを相手に投げ付ける、ということではない。相手をいじめるということではない。相手の一番痛いところを言ってグッと刺す、そういうことは喧嘩の目的ではない。喧嘩の目的は、本当に夫婦だったら、本当に夫婦になる。本当に親子になる。そのために止むを得ず今喧嘩しているんです。

はい、以上です。

2-3 マリア様の態度

納得がいかない時にはどうしますか？

ところが、ここに一つの問題が残っています。先ほど言ったゲーテの言葉ですね。「相手が言った言葉よりも言いたかったことを理解する」。皆さんの年齢の人は、自分の子どもたちはもう中高生でしょう？　そして旦那様とはもう何年も付き合っているので、相手が言った言葉だけではなく、相手が言いたかったことがよく分かります。でも、納得できない。これは辛い。……その時にはどうしますか。

それは必要な喧嘩ですね。喧嘩には、ヒステリーの喧嘩ではなくて、言いたいことは言えるという、話し合いが必要ですね。その時にはマリア様の態度を見てみましょう。

心に納めて思い巡らされた

マリア様は12歳のイエス様が使った言葉が、うーん、分からなかった。ま、分かりましたよ。言いたかったことは分かりましたけれども、納得いかない。そして分からない。結局分からない。マリア様は分からないことが多かったんですよ。その時にはどうしたのでしょうか。

まず、心に納めて黙って、思い巡らす。これを見習いましょうよ。黙って。すぐキャーッと言うのではなくて、ちょっと黙って、心に納める。心に。頭に納めるんじゃなくて、心に納める。つまり、相手の立場からも物事を考える。そして今まで小爆発について言ったことを全部含めて、それを心に納めて、思い巡らす。黙って。

私たちは、すぐに反応して早く言いすぎます。そして後悔する。でも後悔しても、白紙撤回にならないんです。言葉は怖い。言えば残る。特に痛い言葉だったら数年経っても覚えている。「あの時この人が私にこう言ったんです」と。あまり忘れないんですね。忘れないけれども、あたかも何もなかったかのようにふるまっています。そうしますけれども、残ります。ですから、その言葉を使う前に、石橋を叩いた方がいい。「自分の沈黙は自分の所有、自分のものです。自分の言葉は、自分のものでなくなる」。自分の沈黙は自分の所有、自分のものです。しかし自分の言葉は皆のものになる。だから皆のものになる前によく考えてください。黙って思い巡らして、心に納める。

信じて自由にした

それから、マリア様は、よく分からなかったけれども、子どもを信じて、自由にしました。

マリア様は子どもを信じる。たしかに、イエス様という子どもは信じやすいですね。私たち普通の人の子どもはそれほど素晴らしい子どもでもない。イエス様だったら全面的に信じてもいい。ところが自分の子どもは（笑）信じすぎると大変ですね。ですから、「目も心も開いて信じる」。そのバランスは難しいです。心を閉じて目を開くということは簡単ですね。それは人を信じないということです。逆のことも難しくない、心を開いて目を閉じる。これも簡単。心も目も開いて信じるのが難しい。それをしたんですね。自由にした。

ずっと、そばにいました

マリア様はもう一つのことをしました。それは、ずっと、そばにいました。イエス様のそばにいました。邪魔しないで、押し付けようとしないで、必要な時に、さりげなく。イエス様が自分の家で育てられた時にはもちろんそばにいました。皆さんと同じように。でも、イエス様は30歳になると、預言者の道を歩き出しました。家を出て、一人で弟子たちと一緒に全イスラエルを歩き回っていたんですね。その時にも、マリア様はついて行きました。あまり聖書には出ないのですが、時々出てきます。いつもそうではなかったのですが、よく一緒にいたのです。そして、必要な時には、例えば、「葡萄酒が足りない」(2)とイエス様に言った。カナの披露宴の時には葡萄酒が無くなっちゃった。まだ、誰も気がつかなかったうちに、マリア様が気がついてイエス様に「葡萄酒が足りません」とそっと言う。そして、十字架の時にはマリア様はそこにいます(3)。葬られた時にはマリア様はそこにいます。そして、キリストが死んでから、弟子たちがばらばらになる恐れがあった時には、みんなを集めてある家に閉じこもって、一緒に祈っていました。その時に聖霊をいただいて……。

いつも適当な時にはいます。邪魔しないで、言いすぎないで。この才能はいいですね。というのは、私は学生といた時間が長かったので、時々学生の親に対する批判も聞こえていましたね。「私がお母さんを必要とした時には、いなかった。どこかでテニスをしていた。」あるいは、「井戸端会議で遊んでいた。」とにかく、そばにいなかった。「いなかったので相談しなかったけれども、やっぱり、あのことは言いたかった。それなのに、いなくてもいい時にはしつこくそばにいるんですね。邪魔。」何事もほどほどに。あのマリア様の態度がいいね。必要な時にはいる。必要でない時には、見ているけれども「大丈夫だ」。こういうふうにしましたので、私たちも、皆さんもこういうふうにすればいいと思います。

では、ここまでにします。どうも、お疲れさまでした。ありがとうございました。また今度。

「主の祈り」を唱えましょう。

（平成22年5月13日）

（1）「神殿での少年イエス」（ルカによる福音書2章41節～52節）

さて、両親は過越祭には毎年エルサレムへ旅をした。イエスが十二歳になったときも、両親は祭りの慣習に従って都に上った。祭りの期間が終わって帰路についたとき、少年イエスはエルサレムに残っておられたが、両親はそれに気づかなかった。イエスが道連れの中にいるものと思い、一日分の道のりを行ってしまい、それから親類や知人の間を捜し回ったが、見つからなかったので、捜しながらエルサレムに引き返した。

三日の後、イエスが神殿の境内で学者たちの真ん中に座り、話を聞いたり質問したりしておられるのを見つけた。聞いている人は皆、イエスの賢い受け答えに驚いていた。両親はイエスを見て驚き、母が言った。「なぜこんなことをしてくれたのです。御覧なさい。お父さんもわたしも心配して捜していたのです。」すると、イエスは言われた。「どうしてわたしを捜したのですか。わたしが自分の父の家にいるのは当たり前のことだということを、知らなかったのですか。」しかし、両親にはイエスの言葉の意味が分からなかった。それから、イエスは一緒に下って行き、ナザレに帰り、両親に仕えてお暮しになった。母はこれらのことをすべて心に納めていた。イエスは知恵が増し、背丈も伸び、神と人に愛された。

（2）「カナの婚礼」（ヨハネによる福音書2章1節～11節）

三日目に、ガリラヤのカナで婚礼があって、イエスの母がそこにいた。イエスも、その弟子たちも婚礼に招かれた。ぶどう酒が足りなくなったので、母がイエスに、「ぶどう酒がなくなりました」と言った。イエスは母に言われた。「婦人よ、わたしとどんなかかわりがあるのです。わたしの時はまだ来ていません。」しかし、母は召し使いたちに、「この人が何か言いつけたら、そのとおりにしてください」と言った。そこには、ユダヤ人が清めに用いる石の水がめが六つ置いてあった。いずれも二ないし三メトレテス入りのものである。イエスが、「水がめに水をいっぱい入れなさい」と言われると、召し使いたちは、かめの縁まで水を満たした。イエスは、「さあ、それをくんで宴会の世話役のところへ持って行きなさい」と言われた。召し使いたちは運んで行った。世話役はぶどう酒に変わった水の味見をした。このぶどう酒がどこから来たのか、水をくんだ召し使いたちは知っていたが、世話役は知らなかったので、花婿を呼んで、言った。「だれでも初めに良いぶどう酒を出し、酔いがまわったころに劣ったものを出すものですが、あなたは良いぶどう酒を今まで取って置かれました。」イエスは、この最初のしるしをガリラヤのカナで行って、その栄光を現された。それで、弟子たちはイエスを信じた。

（3）「十字架の傍らのマリア」（ヨハネによる福音書19章25節）

イエスの十字架のそばには、その母と母の姉妹、クロパの妻マリアとマグダラのマリアとが立っていた。

3　三位一体について・自信について

3－1　三位一体について

＋「平和を求める祈り」（254頁）

いい天気なのにここにいるのは残酷ですね。本当は芝生の上で話したいですね。じゃ、今日はですね、先ほど、こう（ジェスチャー）しましたね？「父と子と聖霊のみ名によって」。これは、「三位一体」のことです。「三位一体」。この間の日曜日は三位一体の祝日でしたので、それについて、なるべく分かりやすく考えてみたいと思います。

三位一体の本質を説明するのは非常に難しい

分かりやすくと言いますのは、ホントは全然分かり難い。おそろしく分かり難いことです。典型的な「神秘」です、「三位一体」。つまり、言われなければ全然分からない、説明されても依然として分からない、という完全な神秘です。こういうことです。「父は神です。御子であるイエスも神です。聖霊も神です。」「では、三つの神でしょ?」「違います。唯一の神である。でも、三つの方が、独立した方がおられる。御父と子と聖霊と別々ですけど、神は三つではなくて、唯一の神」これは三位一体という神秘のことです。

この本質は私たちには分からない。矛盾したようなことです。例で言いますと、ま、つまり、「1プラス1プラス1は3でしょう?」「違う、1。」これは(笑)分からない。

このような説明があります。子どもに向かって、「一本の木があって、三本の枝があります。左は御子、真ん中は御父、右は聖霊。それだ。」……それは違います、というのは、枝は木ではない。枝は一本の木の一本の枝にすぎない。でも、三位一体の場合には、「この左の枝は木である、真ん中も木である、右も木である」「じゃ、三本の木?」「違う一本の木」……それは分からない。ですから、この本質について話しても仕方が無い。

ある時、アウグスティヌスという頭の良い神学者が、このことをつかもうと思って、上を向いて階段に座って、考え込んでいました。「絶対つかむんだ。」そうやっていると、一人のちびっ子が、地面に小さな穴を開けて、そして海に行って小さな手で海水を取って穴に入れた。また海に行ってまた入れる。アウグスティヌスは気になって男の子に訊きました。「ねえ坊や、何をしているの?」「僕はね、あの海をこの穴に入れるの。」「そりゃ無理でしょう」と言った時に、子どもが消えました。消えた。というのは、神様のメッセージみたいだったんです。「この三位一体という『海』のような神秘的な事を、あなたの頭であるこの小さな穴に入れようと思ったら無理ですよ。止めなさい。考えるのは止めなさい」というメッセージ。それで、考えるのは止めました、というお話。ですから、私たちも考えるのは止めます。でも、三位一体の本質について、いろいろなことが言えると思います。それをご一緒に考えてみたいと思います。

愛における一体化、一体化による命

まず、一つの言葉があります。これは夫婦について、結婚について、家族愛について言えることです。夫婦は、「愛における一体化、一体化による命」、これは皆さんの夫婦生活ですね。愛における一体化、一体化による命。これは結婚ですね。一体。一緒になっているけれども、愛によって一緒になっている。性格が違う。生きる目的も違う。環境も違う。好みも違う、価値観も違う。違うけれども、愛における一体化。

その一体化から命が生まれる。まず、物理的な、肉体的な子どもが生まれる時もあります、恵まれていれば。そして、それだけではなくて、二人の夫婦の、あるいは家族の成長、家族の命、精神的な命が生まれる。愛から精神的な命が生まれるでしょう? あなたがたの場合には。愛における一体化、一体化による命。

この、夫婦に、家族に当てはまることは結局三位一体の神秘の根本ですね。その説明は分からないけれども、御父と御子は別の存在で、独立した存在で、役目は違う、性格も違うけれども、愛によって唯一の神になっている。その一体化から命が生まれた。命が生まれる。理解しなくてもいいけれども、手本にすればいい。皆さんの家庭生活、愛における一体化、一体化による命が生まれるように。

このことを交響楽団を例にして考えてみましょう。例えばサントリーホールでは150人くらいのミュージシャンが出て来るんですね。そして、それぞれの楽器は違う。楽譜も違う。入る時間も違う。見ていると、てんでんばらばらになりそう。こんなに沢山の人が違った楽器を演奏するなら、てんでんばらばら……とんでもないですよ。楽器は全部違うけれども、その音楽によって一緒。愛における、音楽における一体化。一体化による音楽。一緒のハーモニー。一緒の調和。こういうふうになればいいと思います。

お互いに「私の言うとおりにしろ」ということではなくて、「あなたにはその意見がある、その生き方がある、その性格がある」でも、愛によって一緒になっている。これは私たちが求める一致、一体化だと思います。これは三位一体でも学べること、それは手本になると思います。

三位一体の役割
：パソコンメーカーと、マニュアルと、パソコンに詳しい友達

今度は、三位一体の役目について考えましょう。役目、役割。私たちの「救い」のために、どういうふうに働きかけてくださるのか、ということを少し説明

してみたいと思います。

一つはパソコンの例を出します。パソコンを買う時には、説明書もついていますね？　入っています、小包に。では、こういうことです。

パソコンというのはあなたの人生。あなたに与えられた命。どういうふうに使えばいいのかということで悩んでいます。パソコンはあなたの人生。与えられた命です。

なお、このパソコンのメーカーは御父。御父。メーカー、命の源。存在の源。愛の源。

そして、イエス・キリストとは何かと言いますと、イエス・キリストは「生きる説明書」。生きるマニュアル。つまり、メーカーはあなたのためにイエス・キリストを送って、「この人を見てください、この人の言葉を聞いてください。その言葉に従って、その人の生き方に従っていれば、あなたのパソコンは綺麗に使えますよ。あなたも、周りの人も幸せになる。ところが、この説明書に従ってやらなければ、自分が不幸になるし、周りの人にも不幸を注いで歩き回ることになります。だから、是非、この説明書に従って生きなさい。」でも、説明書は文書ではなくて、生きる説明書。キリストの生き方。だから私たちがこのような集まりで求めているのは、この間言ったように3Sですね。キリストを知る、キリストが好きになる、キリストに従う。Sで始まる三つの動詞、「知る」「好きになる」「従う」。何故かと言うと、この人は私たちの生きる説明書だからです。

そして、聖霊の役目は何でしょうか？　私はパソコンで、え〜、例えばメールを5人の、あ〜、10人の友達に送りたいとしますね。どうやってするのかは説明書に書いてあるけれども、私は下手で、なにか苦手。書いてあるものを読んでパソコンを使うのは難しい、私にとっては。私だけではないかもしれません。

そこで、パソコンに詳しい友達に頼む。「ちょっと隣に座って教えてください。」「何をしたいの？」「これを10人に送りたい。」「ここに書いてあるでしょう？」「書いてあるけど分からない。」「これは、このキーでしょう？　これをクリックすれば、ここを押せば、ここを選んで、ピッピピッピッとね。ほら、送れたね！」……それは聖霊です。その友達は聖霊。

つまり、キリストの生き方とキリストの言葉は21世紀前のことで、私の今の具体的な状況には必ずしも合わせられるとは限らないんです。私の生活、私の状態、周りの人たちも、すごく違う。キリストの言葉は分かります、素晴らしい。それを私の状況にどういうふうにあてはめるのか、ということを教えてくれるのは、感じさせてくれるのは、隣に座っているんじゃなくて、私の中に入ってくださる聖霊です。聖霊はこういうふうに私たちの救いのために働きかけています。

三位一体の役割：御父は泉、御子は川の流れ

もう一つの比喩を使います。この比喩はもっと綺麗ですけれども、もっと分かり難いかもしれません。

え〜っと、御父は泉。源、存在の源、泉。ところが、その泉を見ることができない。山の奥にあって。ヘリコプターと飛行機はないと想像してください。誰も辿り着くことができない。でも、その泉から水が出るんですね。その水が川になって山を流れて谷まで、私たちである谷まで流れて来る。その川はイエス・キリストです。御子です。私たちは、その川を見て、その水を飲みましょう。泉を見ることはできないけれども想像はできます。イエス・キリストが言いました。「私を見る人は、神を見ている。御父を見ているのである。」(1) ですから、この川

は、泉を、神を、私たちに表してくださる。このようなものですよ。

では、聖霊は何をしているんですか？　聖霊は、私たちの中にいます。心の底に存在していらっしゃる。聖霊の役目はすごく微妙で綺麗だと思います。

聖霊の役目：渇きを感じさせてくださる

まず、渇きを感じさせてくださる。水の渇きを感じさせてくださる。その川はイエス・キリストですね。イエス・キリストの生き方、イエス・キリストの言葉、福音。その渇き、それに渇いてそれを飲みたくなる気持ちを起こしてくださる。それがないと、川を見て、「あ、綺麗ですね、さようなら」だけですが、そうじゃなくて、喉が渇いているので飲みたくなる。

その「飲みたい」という気持ちは……。私たちにはいろいろなことがあるでしょう？　いろいろな仕事があって忙しさがあって、遊びもあって、悪口もあって、喧嘩もあって、いろいろなことがあるので、そのキリストの川を見ても全然好まない。聖霊は、それを好ませてくださる。私たちには、この楽しさは楽しいけれども、ちょっと虚しいと感じる時があります。私たちの遊びが残してくれるのは虚しさだけだという時もありますね。その虚しさは、渇きですよ、渇き。そういうふうに渇きを感じさせてくださる。

聖霊の役目：美味しさを感じさせてくださる

それだけではない。私たちはその渇きを感じて、飲むんですね。聖霊はその水の美味しさを感じさせてくださる。美味しさを感じさせてくださる。「やっぱりいいですね、これは。向こうの川よりもいいですね～。家の蛇口からの水よりも、よっぽど美味しいですね～。あ、あそこら辺のミネラルウォーターよりも美味しいですね、これは。あ～いいですね～。」その美味しさを感じさせてくださる。そういうふうに、私たちを強制しないで、救いへ導いてくださる。

聖霊の役目：消化

そしてまた、もう一つするんですよ。消化。その水を体の中で消化する。体の中で消化してくださる。消化しないと、水が中に入っていてもどうにもならない。でも、消化すると、体全体に広がって、元気の素になる。そういうこともしてくださる。

聖霊の役目
：川の流れのつぶやきを、川のほとりの香りを、覚えさせてくださる

そして、私たちは歩いているんですね。その水を飲んで、なるべくその川から離れないで、自分の人生の道を川に沿って歩き続けます。しかし、時々、離れることもあります。場合によって、自ら離れる。「他の川の方が好き」「海に行きたい」「あの海に」と望んで離れることもあります。神様から離れることもあります。他の場合には、夜になって、ただ迷子になることもあります。わざと離れるんじゃなくて、どうしようもなく、いつの間にか離れることもあります。「川はどこへ行った？」と。

そこで、聖霊がその川の流れのつぶやきを覚えさせてくださる。その川の流れのつぶやきを覚えさせてくださる。そしてまた、その川のほとりの香り、葉っぱと花と樹の香りを、覚えさせてくださる。迷子になっている時には、川はどこへ行ったのか分からなくなります。川に行きたいけれど分からない、けれども、一

旦立ち止って……歩き続け、忙しさで歩き続けると、その間は何も分からないけれども……一旦立ち止って、ここに来ている今みたいにですね、忙しさから離れて一旦立ち止って、心に耳を傾ければ、その「香り」が何となく感じられます。「あ、あっちだ。」「あっちだ。」そしてまた、その流れのつぶやきも感じられ、聞こえます。少し。何となく聞こえます。「あ、絶対そうだよ。」そういうふうに導いてくださるんです。

聖霊の役目：光をくださる

そしてまた、そこに行こうと思ったら暗くて難しい時もある。でも光をくださるんです。心の中の光。懐中電灯ではなくてあなたの心。あなたが光になる。あなた自身が光になって、道を作りながら歩く。道を作りながら、ちょっとジャンプしたりしながら。

「旅人よ、道は無い。歩きながら道を作るんだ」という言葉がありますね？旅人よ、道は無い、「できている道」は無い。あなたが歩きながら道を作るんです。あなたが歩いているうちに道が拓かれる。この意味で、歩くんですね。

でも、ある程度見えないと、どこかに落ちるかもしれないので光が必要。聖霊が心の光です。心の光。そういうふうに川に戻るんですね。

そして、戻って、また離れたり戻ったりしながら、迷子になって戻ったりしながら、人生の道を歩き続けるんです。

いつか海に辿り着く

そして、いつか海に辿り着く。海は「死」であり、「神」である。神は泉であり、海である。そして、その海は、死。あの川が海に入る時に死ぬということです。その時には私たちはキリストである川に入って、キリストと共に海に入ります。

海に入ってからどうなるかと言うと、「海になる」とはイエス様は教えてくださらなかった。「海に入る」。でも、あなたはあの一滴で、あの大きな海の一滴にすぎないものであるあなたは、残る。残る。海に抱きしめられるけれども無くならない。海に融けてしまうということではない。あなたという存在が残る。海に、神に、抱きしめられて生きる。あなたが愛しい人たちと一緒に抱きしめられて、生きる。どういうふうに生きるのかは分からないけれども、生きる。ということを教えられています。

苦難がある時には

もう一つあります。苦難がある時にはどうしましょうか？　この間の日曜日の第二朗読をちょっと読んでいただきましょう。難しいけれども、後でおもなことを説明します。聖パウロのローマの信徒への手紙5章1節から5節まで。ちょっと抽象的で難しいけれども、おもに私が強調したいのは、4節にある「忍耐は練達を」という箇所です。「練達」ということについて考えたいと思いますけれども、まず全部読んでいただきましょう。5章1節から5節まで、はい、お願いします。

ローマの信徒への手紙5章1節～5節（信仰によって義とされて）

このように、わたしたちは信仰によって義とされたのだから、わたしたちの主イエス・キリストによって神との間に平和を得ており、このキリストのお陰で、今の恵みに信仰によって導き入れられ、神の栄光にあずかる希望を誇りにしています。それればかりでなく、苦難をも誇りにしています。わたしたちは知っているのです、苦難は忍耐を、忍耐は練達を、練達は希望を生むということを。希望はわたしたちを欺くことがありません。わたしたちに与えられた聖霊によって、神の愛がわたしたちの心に注がれているからです。

苦難は忍耐を、忍耐は練達を、練達は希望を生む

はい、ありがとうございます。道を歩いていると、苦難も来る。悲しみも来る。試練も来る。でも、ここに書いてある、3節「苦難をも誇りとします」。つまり、「苦」は「楽」の種ですね。苦は楽の種と言う。つまり、「苦難は忍耐を、忍耐は練達を、練達は希望を生むということを知っています」。それは最初は分かりません。「苦難は忍耐を生む」、だからいいことですよ。でも、みんな避けたい、私も避けたい。皆さん苦難は欲しくないいんですよ。けれども、来ると、忍耐を生むんですね。忍耐は、すごく必要なことです、私たちにとっては。忍耐。その苦難で忍耐が強くなるんです。

そして、忍耐は練達を生む。「練達」という言葉は何でしょうか？　もちろん日本語ですから皆さんはご存じでしょうけれども、う〜ん、あまり使われてない言葉だと思いますね。普通の日常会話では出てこない。スペイン語でも、何かはっきりしない。だから、ちょっと調べてみました。英語とギリシャ語とラテン語とフランス語とスペイン語ではどういう言葉が出て来るのか、と。いろいろ考えた結果、この結論を出しました。

練達：苦難を乗り越えた経験

「練達」というのは、次の意味で言われている言葉です。「苦難を乗り越えた経験」。簡単に言うと苦難を乗り越えた経験、この意味だと思います。多分皆さんはそのつもりで聞いていたでしょうと思いますけれども。

例で言うと、険しくて高い山を登っているとしますね。赤岳、八ヶ岳の赤岳。私は昔登ったことがあるけど、ちょっと大変。八ヶ岳、全部一日で登りましたね、学生と一緒に。あの頃は若かった（笑）。全部、天狗岳から赤岳まで行きましたね。赤岳で一泊して、夜は山小屋は超満員で、イワシの缶詰みたいですよ！

私のここに、ある男の人の足がここね、ここにも足！　しかも、靴下履いたままで。私たちは八ヶ岳を全部走って来たのに、そういうふうに寝てたんですよ！　私の足に向うの人も文句を言っていたでしょうけれども（笑）。そういうふうに寝た。ま、そんなことをやったんですね。

でも、赤岳に、頂上に辿り着いた時には、練達。途中で「もう止めようかな、もう私にはもう……、ちょっと止めたい、もう力が無い」と思ったんですけれども、「できるぞ」「できると思ったらできるぞ」と思って、忍耐と我慢強さとを持って最後まで行って、その苦難を乗り越えた経験で、「やったぜセニョール！　やったぜセニョリータ！」という気持ちになったんですね。その練達。

はい。分かりやすいことです。誰にもあることで、その練達から自信と希望が生まれる。聖書にありますね、「練達は希望を生む」。「自信」を私は付け加えたい。自信と希望。「これだけ、ここまで乗り越えたのです。この世の中に他の問題が出て来るでしょう。でも、この山を登った時と同じように、やろうと思えばできるぞ」という自信がついたので、希望が出て来るんです。

失敗に終わった時―『老人と海』

ところが、現実は厳しい（ため息）。すごく頑張っていても、結局失敗で終わることもあります。その時にも「練達」。例えば私は赤岳まで辿り着いたけれども、上手くいかない時もあります。その時にも、練達から自信と希望を引き出すのが本当だと思います。

これを表す一つの文学の例を申し上げたいと思いますが、たぶん皆さんがご存じの作品ですが、ヘミングウェイ。ヘミングウェイの『老人と海』(2)。"The Old Man and the Sea" あれはすごく良いです。映画にもなったけれども、映画は良くない。だって彼（ヘミングウェイ）が考えていることは映画には出ないので、できれば読んでください。すごく短いですよ。すぐ読める。やっぱり綺麗だと思います。

この主人公は、この「うまくいかない練達と自信と希望」の典型的な例だと思います。では、手短に言ってみますが、主人公はサンティアゴ。おじいさんで、そして舞台はカリブ海。このおじいさんは「今日はいいことがあるだろう」と思って、一人で漕ぎ出す。舟に乗って海に出るんですね。ところが、思いがけなく、すごく大きな魚が引っ掛かったんです。魚が飛びはねるのを見ると、「こんなに大きくて綺麗なものは見たことが無い！　これは絶対手に入れるぞ！　絶対獲るぞ！」と自分に約束した。ところが、彼が持ってきた道具は、日帰りの用意しかなかったんです。糸が柔らかい。小さな魚向きの糸です。あんなに大きいものを引っ張ると切れちゃうんです。だから、魚に従うしかないんですよ。むこうが疲れる時まで待つ。ところが、疲れないんですよ、あの魚が。引っ張って、引っ張りっぱなしで。一日中ずっと、一晩、また一日、一晩、また一日……ずっと。で、彼はもう食べ物が無くなって、水も無い。海水をちょっと飲んで、かえって吐いて、前より気分が悪くなった。そして肩が痺れて、手が糸ですり切れて血だらけで、「もう止めようかな」と何回も思ったけれど、「絶対獲るぞ、絶対負けないぞ、獲るぞ」と自分に言う。一方、その大きい魚は次第に力を落としていく、そこで、近寄って、近寄って、近寄って、そして、また、カッと（リールを回す仕草）する。「殺してやる。やったぜセニョール！」とうとう獲りました。ところが、どうやって帰るのか？　それが問題だよね。だって自分の小さな小舟に、あの大きい魚を入れるわけにはいかない。一人だし。だから、縛って運ぶしかないんです。そこで、歌いながら帰る。ところが、途中でサメが出て来る。カリブ海ですのでサメが。そしてサメが咬むんですね、その魚を。それを見たそのサンティアゴは「このやろう！」と思ってナイフで殺そうとする。でも、そのサメはナイフを持って行っちゃうんですね。だからもう何も無い。悪いことに流れたその血の匂いでたくさんのサメが出て来るんですよ。彼は戦うのですが、結局負けるんです。魚は全部食われちゃった。骨しか残っていない。そして彼は戻ってこの言葉を言うんです。後でその説明を言います。英語で覚えていると思いますから、英語で。

（ホワイトボードに）A man can be destroyed, but not defeated.

この言葉をつぶやいた、一人で。"a man"は私のこと。つまり、俺は"destroyed"つぶれたけど負けなかった。人間はつぶれてもいい。でも、負けてはいけない。A man can be destroyed. 有名な言葉ですけれども、A man can be destroyed, but not defeated. という言葉をつぶやいて戻るんですね。すごく綺麗です。A man can be destroyed, but not defeated. そして、戻ります。自分の港に。浜辺にいた友達が、村人が、彼を見て「おい、サンティアゴ、やったじゃない！

すごいでっかい奴を持ってきた！」と喜びます。でも近寄ってみると、「あぁ〜（落胆）、骨だけ……あいつらにやられたのでしょう？　かわいそう。もう、この失敗で彼は海に戻らないでしょうね。彼はもう終わり。歳ですし、この失敗でもう立ち直らないでしょう」と。彼は舟を置いて黙って自分のものを持って、小屋に行って、パッと寝ちゃう。二日間ぐらい寝っぱなし。でも、目が覚めて少し何か食べて飲んで、また出かける。そして、外に出て、自分の友達の坊やに言います、「おい坊や、また行こうぜ！」「どこに行くの？　おじいさん。」「また釣りに行こうよ！」「おじいさん、この間酷い目に遭ったでしょう？　もう歳ですから止めてくださいよ、もう止めてください。」「いや、行きましょうよ。でも、ナイフが無い。あいつが持って行っちゃったから。あのサメが。だから新しいナイフを買って行こうぜ！」……終わり。

練達を引き出す聖霊

この人ですね。この練達。上手くいかなかったけれども、そのことから自信と希望を引き出したんです。つまり、分析してみると、「私は destroyed つぶれた」

とは、その魚と共に彼の心が壊れてしまったということ。彼はその魚を本当に欲しかった。「まあ、ただ獲ってみただけですけれども、別に……」という気持ちではなくて本当に欲しかった。命がけで欲しかった。しかし、サメに負けた。サメには負けた。だって、仕方が無い。病気で、例えば癌になって、いくら頑張っても癌に負けるんですよ。それは負けるということではない。彼はサメには負けた、当然。でも、負けてない。サメにつぶされた。でも、負けてはいない。

何に負けなかったかと言うと、一つ、自分の弱さには負けなかった。「もう帰ろう。もう止めよう」と思う自分の弱さには負けなかった。もう一つ。あの、難しい状態にも負けなかった。あの、難しい状態にも負けなかった。そして、一番私が好きなのは、将来にも負けなかった。将来。「また行こうぜ」と言うんですね。過去の失敗で将来は終わり、ということではなくて、過去には失敗があっても、「これからだよ!」と。「また行こうぜ!」将来には負けていない。"I'm not defeated." この練達ですね。本当につぶれた、でも、そこから自信と希望を引き出して、「またやるぞ」と。この練達を引き出させてくださるのは聖霊です。

もちろん、聖霊を信じなくても、キリストを信じていなくても、あなたは練達を引き出すことができますよ。どういうふうに、何をするかと言うと、いつか使った比喩をここに当てはめます。紅茶のカップとお砂糖の例を申し上げましたね、いつか。え〜、心はカップで、紅茶を入れてお砂糖も入れる。お砂糖というのは、あなたの心にある素晴らしいものですね。生きることに対して、愛することに対して、練達に対して、素晴らしいものがある、それがお砂糖。でも、お砂糖は心の底に残っていて、生き方にまでは溢れ出て来ない。味にまでは溢れ出て来ない。そこで、ティースプーンを持ち出して、その心の底、カップの底をかき回して、そもそもあったものが、生き方にまで溢れ出て来るようにする。それが自分の役目です。だから、自分の手でかき回す。では聖霊は何をするかと言うと、子どもっぽく説明するとすれば、あなたの手をつかんで一緒にかき回してくださる。もっと綺麗にかき回してくださる。ですから、キリストを信じなくても、宗教は嫌いであっても、クリスチャンなど全然関係ないと言っても、自分の心の中からその練達を引き出すことができます。信じていれば、もっと上手にできる「はず」です。あなたが聖霊に頼んで、聖霊に自分を委ねれば、聖霊があなたの手をつかんで一緒にかき回してくださる。そして、失敗の中からでも、自信と希望を引き出してくださる。だから、「聖霊来てください」「聖霊来てください」という祈りをよく唱えた方がいいと思います。「聖霊来てください。私の手を取って、私の既にそこにあった」……だから新しいことをください、ということを頼んでいない。……もっともっと「在るもの」を引き出すようにお願いします、と祈ってください。

はい。この三位一体について言いたかったのは、これぐらいですけれども、先ほど、「自信が引き出される」と言ったので、もっと自信について考えたいと思います。

3-2 自信について

謙虚な自信

自信というのは、私たちには欠けているものですね。だいたい、自信が無い。その反動で、自信満々の態度を取るけれども、それは本当は劣等感の反動にすぎない時もある。本当は自信が無いので、自信たっぷりの態度を取る。それは自分を説得するためにも他人を説得するためにもそれらしくするけれども、本物ではない。自信というのは、謙虚な自信がいいですね。謙虚な自信。「私は世界一の人間だとはちっとも思いませんけれども、愛されるほどの価値と魅力はある」。これを信じましょう。「愛されるほどの、認められるほどの、価値と魅力はあります」という謙虚な自信。

この謙虚な自信が無いと、失敗に終わる練達から自信を引き出すことができない。そして家族の中でも旦那様からも子どもたちからの愛をも信じない。自分を信じない人は他人からの愛をも信じない。ですから、自分を信じる謙虚な自信。

難しいけれども綺麗な、私の大好きな俳句があります。「実るほど頭（こうべ）を垂れる稲穂かな」。素晴らしい言葉ですね。本当にそうですね。「実るほど頭を垂れる稲穂かな」。豊かな稲穂が、豊かさの上で謙遜になる。頭（あたま）が下がる、豊かさの上で。それとは反対に、空っぽな稲穂は軽いのでピョンとそびえる。けれども、何にも無いんですね。偉そうに出るけれども、何も分からないのに偉そうなことを言う。本当の学者は威張ってない。知らないことが多いと分かっているので、自然に自分の豊かさの上で頭が下がる。本当にいい人は自分がいい人だと思ってない。豊かさの上で頭が下がる。この稲穂ちゃんの謙虚な自信があればいいけれども、私たちにはそれが無い時も多い。

重大なことに対して自信を失ったら、すべてに対して自信を失う危険性がある

そして、重大なことに対して自信を失ったら、すべてに対して自信を失う危険性があります。重大なことに対して自信を失ったら、すべてに対して自信を失う。例えばバドミントンで負けてもそれに対して自信を失わないけれども、日常生活の本当に大切なことに対して自信を失ったら、すべてに対して自信を失う。

例で言うと、小舟がありますね。小舟に穴が開いたら、水がその穴から入って小舟の全体に広がるじゃないですか？　あなたの自信に穴が開いたら、重大なことに対して穴が開いたら、そこから不安が入りこんですべてに対して広がります。重大なことは何かと言うと、それはですね、みんなが高く評価していることで、大体みんなができることで、私にはできないことです。私が欲しいもので、社会

が高く評価することで、大体の人ができるのに、私にはできない。これは重大なこと。このようなことで自信を失うとすべてに広がるかもしれない。

自信を取り戻すには

自信を取り戻すには、まず、自信喪失の原因を考えましょう。一つは、愛と評判を求めすぎるということは原因になり得る。愛と評判を求めすぎるので、極端から極端に走って、自信を失う、ということもあります。

もう一つの理由は、自信の土台がしっかりしていないから。自信の土台。では、今日はここまでにします。お疲れさまでした。ありがとうございました。また次回どうぞ。恵みあふれる聖マリア（「聖母マリアへの祈り」２５６頁）を唱えましょう。

（平成22年6月3日）

（1）「イエスは神に至る道」（ヨハネによる福音書14章1節〜14節）

「心を騒がせるな。神を信じなさい。そして、わたしをも信じなさい。わたしの父の家には住む所がたくさんある。もしなければ、あなたがたのために場所を用意しに行くと言ったであろうか。行ってあなたがたのために場所を用意したら、戻って来て、あなたがたをわたしのもとに迎える。こうして、わたしのいる所に、あなたがたもいることになる。わたしがどこへ行くのか、その道をあなたがたは知っている。」トマスが言った。「主よ、どこへ行かれるのか、わたしたちには分かりません。どうして、その道を知ることができるでしょうか。」イエスは言われた。「わたしは道であり、真理であり、命である。わたしを通らなければ、だれも父のもとに行くことができない。あなたがたがわたしを知っているなら、わたしの父をも知ることになる。今から、あなたがたは父を知る。いや、既に父を見ている。」フィリポが「主よ、わたしたちに御父をお示しくださいそうすれば満足できます」と言うと、イエスは言われた。「フィリポ、こんなに長い間一緒にいるのに、わたしが分かっていないのか。わたしを見た者は、父を見たのだ。なぜ、『わたしたちに御父をお示しください』と言うのか。わたしが父の内におり、父がわたしの内におられることを信じないのか。わたしがあなたがたに言う言葉は、自分から話しているのではない。わたしの内におられる父が、その業を行っておられるのである。わたしが父の内におり、父がわたしの内におられると、わたしが言うのを信じなさい。もしそれを信じないなら、業そのものによって信じなさい。はっきり言っておく。わたしを信じる者は、わたしが行う業を行い、また、もっと大きな業を行うようになる。わたしが父のもとへ行くからである。わたしの名によって願うことは、何でもかなえてあげよう。こうして、父は子によって栄光をお受けになる。わたしの名によって何かを願うならば、わたしがかなえてあげよう。」

(2) Ernest Hemingway, “The Old Man and the Sea” Scribner, paperback edition, 2003.

He did not like to look at the fish anymore since he had been mutilated. When the fish had been hit it was as though he himself were hit.

But I killed the shark that hit my fish, he thought. And he was the biggest dentuso that I have ever seen. And God knows that I have seen big ones.

It was too good to last, he thought. I wish it had been a dream now and that I had never hooked the fish and was alone in bed on the newspapers.

“But man is not made for defeat,” he said. “A man can be destroyed but not defeated.”

4　家族のコミュニケーション—相手が話に応じてくれない時

十「平和を求める祈り」（254頁）

今日は、先日パパの広場で話したことを話します

おはようございます。この間、皆さんの御主人たちと一緒にパパの広場の合宿に行ってきまして、え〜、すごく良かった！　誤解しないでください、それはパパたちの飲み会とはちょっと違う。もちろん飲みますけれども、ちょうど12時に皆寝ますよ。で、あくる日かなり元気でやってます。ミサに出た時、応え方が本当に力強い「おー（低く太い声）」と。信者ではない人がほとんどですけれども、力強い声で返事をするので、すごく気持ちいい。いろいろと話しまして、え〜、良かった（笑）。「ここ（合宿）に、奥さんたちも一緒に来れば？」と言いましたら、御主人たちは「やめてください！　やめてください！」「うるさいから！うるさいから！」と。（笑）とにかく私は、その時に彼らに話したことを皆さん

（奥さんたち）に話したいと、彼らに言いました。すると「そうしてください！そうしてください！」と言われた。ですから、御自分の旦那様が参加しなかった人は、今メモを取って家で話してください。参加した人たちは、意見の交換をしていただければと思います。

メインテーマ：家族のコミュニケーション

家族のコミュニケーションというメインテーマでした。私たちはいつか、爆発の三つの種類を考えました。このコミュニケーションの問題はもう出たけれども、今日は他の角度から話したい。非常に重要な問題であるコミュニケーションについて。

パパの広場では去年、いろいろなことを話し合いました。結局ポイントになったのは、コミュニケーション。おもに、夫婦の間のコミュニケーション。それは難しい。だから、今年はそれについて考えましょうと言って、それをしました。

というのは、家族は成長の場ですね。成長の場。夫婦も子どもたちも成長できる「場」ですね。成長できるには、安心感が必要です。安心感。安定性と安心感。いつまでも一緒にいる、これが安定性。そして、親が仲良く、家族兄弟仲良く生きる、そこから安心感が出てきます。それで成長できます。その安心感を得るには、つまり仲良く生きることができるには、やはりコミュニケーションというのは非常に重大な手段です。

問題の解決よりもその解決の為に使われた手段の方が大事だからコミュニケーション

コミュニケーションと話し合いの重大性についてひとこと言っておきます。すなわち、問題の解決よりも、その解決のために使われた手段の方が大事だと思います。解決そのものよりも、使われた手段の方が大事だと思います。何故かと言いますと、解決の後には使われた手段が残る。使われた手段は、解決の後に残る。残ります。例えば、暴力で問題を解決すれば、解決しますよ。でも、その後に残るのは、暴力の世界。あなたが権威や権力で問題を解決したら、それも解決になるんです。相手が弱いから。でも、その後に残るのは強制の世界。強制で勝ち取ったものを守るために強制を何回も使わなければならないことになります。

ちょっとこれは良くない……ということですね。あるいはその代わりに嘘をついて解決したら、その後は、嘘。嘘の世界が残る。

その代わりに話し合いで説得して問題を解決したら、その後に残る世界は話し合いの世界。それは何よりです。ですから、手段は大切です。私たちはその「コミュニケーション」という手段を選びたいと思います。

相手がコミュニケーションに応じてくれない時

ところが、コミュニケーションと言っても、相手がコミュニケーションに応じてくれない時もあります。話し合いに応じてくれない。これが多いですね。

家族の中だったら、空間的には一緒にいるので、いるんですよ？　でも心を閉じています。開かれてない。おもに高2高3になると、その子どもは親と話すけれど、何か、本音を出さない時もあります。あるいは、夫婦でも、一応話しているけれども、本音を出さない。心を開かない。だから話し合いにならない、コミュニケーションにならない。

相手が無口

何故応じてくれないかというと、一つの理由は、相手にある場合です。相手に問題があるから話し合いに応じてくれない。その問題はいくつか挙げられるんですけれども、一つは相手は無口ですから、あんまりしゃべらない。おもに男性は、「男は黙ってサッポロビール」（笑）という精神がありますね。女性の方が話すのが好きです。男性はあまり好きじゃない、本質的に。旦那様が夜帰って来ると、あなたももちろん疲れています、すごく。彼も疲れているんです。その時、彼が自分の話をしてもあなたにとっては興味の無い話ですね。会社の話はいちいち説明しないとわからないので彼にとっても面倒くさい、しゃべらない。ところが、あなたがしゃべる問題は、彼にも興味のある問題です。子どものこととか家の問題。それは共通の話題ですので、あなたの方が有利です。彼は聞くだけです。でも、聞くだけじゃあ、あまり面白くない。……ということも考えてくださ い。理解してあげてくださいね。

いつだったか、私がスペインに帰った時、姪と彼女の旦那様と三人で夕食をしました。その時彼女が言いました。「私だけではなくて、私の女性の友達が皆言っていることですが、夫たちは妻の話について興味が無い。そういうことは私たち皆が言っていることです。」すると彼は頭を下げて、「あぁ、そうかも……。では、もっと面白い話をしてください」と言った（笑）。「もっと楽しい、もっと面白い話をしてください。」別にげらげら笑えることではなくて、……もっと面白い話をしてくださいと。それも、皆さんも考えておいてください。

相手が口下手

相手は喋るのがあまり得意ではない時もあります。それは、あまり問題ではない。もう一つの相手にある問題ですけれども、相手は口下手。口下手。え〜、無口とは違う。話すけれども、いつも負ける（笑）。だから、口下手にとっては、話し合いは暴力になるのです。いつも負けるから。それは聞いている人たちのせいです。聞いている人たちはもっと聞いてあげてください。言葉を引き出してくれれば、口下手であっても良いことを考える。

『モモ』(1)という作品をご存じでしょう。ミヒャエル・エンデの『モモ』。あの、モモちゃんという女の子が、よぉく話を聞く人だったんです。ゆっくりと、余裕をもって、よく聞く。ベッポというおじいさんがいて、あれこそ口下手で、なかなか言葉が出ない。どもって、どもって。だから、周りの者は忍耐が無いので、「はい分かった、分かった、じゃあさよなら（早口で）」……結局ベッポは喋れない。ところが、モモちゃんは、じぃっと聞いてあげるんですよ。「いつまでも待ってますよ。どうぞ。」すると、彼は、ポツン、ポツン、とすごく良いことを言うんです。この口下手はすごく良いことも言うのですけれども、なかなか出てこない。その場合は引き出すようにすればいい。それで自信がつく。口下手は自信喪失です。聞いてあげれば自信がつく。

自信喪失を作るのは場合によっては家族。逆に家族が自信を与えることもある

もう一つの理由。言ったばっかりですけれども、さっきの口下手の話の延長。自信が無い、その人には自信が無い。口下手だけではなくて、自分の内容、心と体は空っぽだと思っている。その自信喪失を作るのは場合によっては家族。家族によって作られる自信喪失。

逆のこともあります。例えば私の姪の一人はろうあです。生まれつき何も聞こえない。私と三歳しか違わない。彼女のお父さんは私の長兄。兄の奥さんは若い時に死んだので、二人とも私たちの家族と一緒に住んでいた。だから彼女は私の妹みたいだった。彼女は全然聞こえない。でも、劣等感は無い。「私、耳は聞こえないけれども全然意識しない。」意識しすぎない。明るくて自信がある。それは私たちの誇りですよ。私たちは家族で、その子に自信を感じさせたんですよ。「あなたの耳が聞こえなくても、いくらでも説明する」と言って受け入れたから。彼女はそれで高められて自信がついた。それは、ろうあのことでなくても、いろいろな性格、いろいろな病気のある人も、やっぱり受け入れられることによって自信が高められると思います。周りの影響力が大きいと思います。

相手が「川の向う側に行って戻れなくなった」

もう一つの理由。相手が話に応じてくれないのは、今、川の向こう側に行って戻れなくなったからです。戻れなくなった。例えば、ある麻薬の仲間に入ったとします。麻薬を吸っている、隠れて。お金も欲しい。どうしても必要ですね。だから、彼の心に影がある。影。するとお母さんはすぐ分かる。この子には何かがある、何かを隠していると。「教えて。言ってよ。」でもお母さんに何も言ってくれない。言わない。「別に。何も無いよ。うるせえな。」全部言えない。言えないもん。言えば何が起こるか、目に見えてますよ。だから言わない。つまり、向う側に行っちゃった。そして今は戻れない。戻りたくもない。

じゃあ、どうすればいいかと言うと、川に架ける橋になってくだされば、と思います。お母さんが川に架ける橋になってくだされば いいと思います。いつか、その子ども、その人が、戻りたくなる。あるいは、その旦那様が戻りたくなる時もあると思います。その時に、橋があれば戻ってきます。橋が無ければ戻れない。ずっと戻らない。橋になるということは、忍耐と信頼感。忍耐と信頼感。こういうふうに橋になってみてください。このような理由で、相手には問題があるので、話に応じてくれない。これは一番大切なことです。

信頼感を弱くするもの：自分のエゴイズムと自惚れ

私のせいで相手が応じてくれないということを考えましょう。私のせいで相手が心を開いてくれない。私のせい、つまり私がいろいろなことをしたので、信頼感が弱くなった。信頼感。その人は私を信じてくれない。だから話してくれない。これは大きな問題です。どのようにその信頼感が失われるかと言うと、いろいろあります。

一つは、一番根本的な事は、エゴイズムと自惚れ。エゴイズムと傲慢。自分のエゴイズムと傲慢。結局自分の利益、自分の有利なところ、自己中心でやっていて、そしていつもいばって、いつも頭から命令して、いつも謝らない。そのエゴイズムと傲慢が諸悪の根源です。それで、信頼感が失われます。例えば、こんなケースがあります。

夫婦で何かを決めるために話し合っているとします。例えば、高3の子どもが入学試験に失敗しちゃった。もう一年勉強させるかどうか、それとも国立を諦めて普通の大学に行かせましょうか。浪人するかどうか、それについて二人で話し合っている。その時、二人の意見が違うんです。そんな時、場合によっては、彼は自分の意見をどうしても通したくて話し合いに行く。彼女も自分の意見をどうしても通したくて話し合いに行くんですね。

それは話し合いではない。それは力関係です。だいたい私たちはいつもそうですよ。どうしても自分の意見を通したいんです。昔の学園紛争の時の全共闘会議がしていた大衆団交みたい。いくつか項目を決めて、どうしても呑み込ませようとする。しかし、「その時までここから出ないぞ」というようなことは話し合いではない。力関係。

ですから、理想としてはこれだと思います。あなたの真理をあっちに置いておいて、相手があっちの真理をあっちに置いておいて、そして二人で力を合わせて本当の真理を求めようじゃないか。この姿勢はいい。自分の真理は置いておいて、相手も自分の真理はどこかに置いておいて、そして二人で力を合わせて、真理を、具体的な真理を、探そうじゃないか、求めようじゃないか。この姿勢は、「エゴイズムと傲慢」の反対の態度ですね。

信頼感を弱くするもの：大きな嘘、重大な約束を破る

もう一つの信頼感を弱くするものは、大きな嘘。大きな嘘を言う。重大な約束を破る。それで信頼感が失われる。大きな嘘をつく。小さな嘘はまぁ、まぁまぁ、良くないけれども、大きな重大な嘘は本当に良くない。

そして、重大な約束を守らない。皆さんがよぉくご存じでいらっしゃるように、う～ん、子どもにとっては一つの約束は大きいですよ。例えば、親が「日曜日は川に行ってバーベキューをしよう」と言えば、子どもは、「やったー！やったー！」と喜ぶ。でも、土曜日になると「ちょっと、あの、無理だ、仕事がある、止めましょう」と言って行かない。大人にとっては小さな約束ですけれども、子どもにとってはすごく大事な約束ですよ。裏切られたと感じます。二～三週間経ったら、そのこと自体は忘れるかもしれない、子どもですから。でも、不信感は残る。「お父さんは信用できない。約束したのに守らない。平気で守らない。」ですから、それは注意した方がいいと思います。

相手の心に傷がある時

もう一つの理由は、その人の心に傷がある、傷。だから、心を開けない。心を開くと傷に触れられるかもしれない。その怖さで閉じる。絶対触って欲しくない。あなたが相手のその傷を癒すことができなければ、「話してください」と言っても無理。その傷はあなたがつけた傷ではない。他の人がつけた傷。学校とか友達とか……。でもその傷が癒されないと、心を閉じる、どうしても。

気づかずに傷つけてしまった場合

もう一つの場合があります。その傷を私がつけた。お母さんか、お父さんか、その子どもを傷つけた。あるいは配偶者を傷つけた。それもまた、つけた時には気がつかなかった、ということもあり得る。気がつく可能性が無かったこともあります。「まさかこんな状態とは思わなかった、思えなかった。」ということは人間にはありますね、時々。いい気持ちで何か言うと、結局すごく傷つけることになるんです。「まさか、それは知らなかった。」そういうこともあります。ま、それは仕方が無いでしょう。

傷つけたことに気づいたはずなのに気がつかなかった、という場合

でも、ちょっと違うこともある。気がついたはずなのに気がつかなかった時もありますね。傷つけた時には気がつかなかった。でも、気がついたはずなのに、気がつかなかった。つまり、気がつかないという罪もあります。何故気がつかな

いかというと、自分のことばっかりしか考えないからです。他人のことを考えない、だから気がつかない。

例えば、フィクションですけれども、学生コンパがありますね。ここにいる一人の男の子はすごく話が上手くて格好良くて面白くて、中心になっているんですね。みんなゲラゲラ笑って、女の子たちに囲まれて幸せです。ところが、彼の隣にいる他の男の子は何か寂しがってるんです。相手にされない。一時間二時間のコンパでそのまんまで同じ状態です。コンパが終わってから駅に向かって歩いている時、誰かがこの中心になっていた人に、「あなたの隣のなになに君は寂しがってたみたいね」と言うと「そうか？　そうですか？」「そうですよ、あなた隣だったじゃない、気がつかなかった？」「あ？　あ、気がつかなかった。」どうして気がつかないんですか？　そこですよ。気がついたはずなのに、二時間ずっと隣にいたのに、気がつかないんです。何故かというと、自分の幸せで十分だった。他人のことを考える余裕はない。このように、気がつかないという罪もあります。

他人の人生を踏んで自分が残した足跡を平気で忘れる、という罪

もう一つの可能性があります。私がその人を傷つけたのは分かっています。知りながらつけた。ところが、その後は、平気で忘れた。平気で忘れましたが、相手は忘れません。遠藤周作のあの厳しい言葉がありますね。「罪というのは、他人の人生を踏んで自分が残した足跡を平気で忘れることである。」他人の人生を踏んで、深い傷をつけて、他人の人生を踏んで、自分が残した足跡を平気で忘れることである。……反省させられますね。深い傷をつけたのにケロッと、あたかも何も無かったかのように忘れちゃう。でも相手は忘れませんよ。相手は忘れません。その意味で私はその子を、あるいはその人を、傷つけたので、そばにいるけれども、相手は私に心を閉じています。

黙りこむ理由その1：『ごめんなさい』という意味

もう一つの理由があり得る。私には黙りこむ傾向があるとします。黙りこむというのは、意見の交換の際、喧嘩に近いことがあって、急に私は「ま、もういいよ！　もういいよ！　終わり」と言って黙りこむ。そういうこともあります

ね。

三つの理由で黙りこむことがあると思います。一つは「ごめんなさい」という意味です。おもに男性にはこれがかなりあると思います。う〜ん、「ごめんなさい」と言わない。でも、黙って、「やっぱりあなたは正しかった。私は間違っていた」と言わんばかりの様子で黙ります。それはいい。悪くないと思います。

黙りこむ理由その2：タイムが欲しい

二番目も悪くない。タイム、タイムが欲しい。時間が欲しい。頭を冷やすための時間が必要。今、このまま話し合いをしていたら、ますます感情的になって悪い結果が出そう。だから、一旦ここまでにして、二人は離れて、時間をおいて、頭を冷やして、もう一度いつか話しましょう……という時間も必要。その意味で黙りこむ「もう、いいよ」と。それは必要だと思います、場合によって。

「タイム時間」の使い方
：仲直りを望んで相手の立場からもその問題を考える

ところが、その時間の使い方には問題がある。どうやって、その時間を使うんですか？　大雑把に言えば二つの使い方があります。

一つはまずい。すなわち、いかに私は正しいか、いかにこの人は正しくないか、いかに私はいい人で、いかにこの人は酷い人間か、ということを確認するために使われる時間。それはまずい。でも、よくするでしょう、私たちは。相手の心と動機を分析して、考えて、考えて、また考えて、分析して。でも、そうすると、仮にいつか仲良くなったとしても、やはりその人に対する尊敬が弱くなる。見すぎちゃった。分析しすぎちゃった、一方的に。そして信頼感も弱くなる。その人の悪さを見すぎちゃった。そして、興味も無くなる。その人についてもう興味は無い。ですからその時間の使い方は全然望ましくないと思います。

もう一つの使い方があります。それは、仲直りを望みながら相手の立場からもその問題を考える。それで時間を過ごす。仲直りを望んで、相手の立場からもその問題を考える。そういうふうに時間を過ごすと、多分いい結果が出て来ると思います。ですから、黙りこむ理由の二番目はタイムが欲しい、時間が欲しい。

黙りこむ理由その3：軽蔑の沈黙

三番目の理由、え～黙りこむ理由。三番目の理由はまずい。それは、……酷い言葉で言えば、軽蔑の沈黙。軽蔑の沈黙。「あなたと話すのは無駄ですよ。こんな頑固で頭の悪い人と。心も悪い。この人と話してもしょうがないから、もう、いいよ」そして黙る。それは絶対しない方がいいですね。でも、しますね、私たちは。そうしない方がいい。黙りこむからコミュニケーションが切れちゃう。それが三番目の理由。この三つは私が黙りこむ理由ですね。

相手の立場から物事を考えないので、相手が話してくれない

では再び、相手が応じてくれない理由について考えましょう。これは何回も出てくるので、軽く言いましょう。相手の立場から物事を考えないので、相手が話してくれない。相手の立場から物事を考える余裕が無いので話してくれない。子どもたちは言うでしょう。「だって分かってくれないんですよ。お母さんに話してもいいんですけれども分かってくれないんですよ。自分の立場からはこうこうこうとばかり言う。でも私の立場からは違う。だから話さない」と。

相手の立場を考えるヒント1
：何故そこまでしなければならなかったのか？

相手の立場から考えることには、三つのヒントがあります。何故この人がそこまでしなければならなかったのかと考えること。何故この人が……確かに悪いことをした。確かに子どもっぽいことをした。確かに許せないことをしたんです。でも何故この人がこんなことをしたんでしょうか？　それを考えてあげないと通じない。考えてあげた上で、尚且つビシビシした方がいい時もあります。でも、まず理解してみてください。相手の立場も考えてあげてください。

相手の立場を考えるヒント2
：相手が言ったことよりも相手が言いたかったこと

もう一つ相手の立場と言えば、ゲーテの言葉ですね。「相手が言ったことよりも相手が言いたかったことを理解できない人は子どもっぽい。」「相手が言ったことよりも相手が言いたかったことを理解できない人は子どもっぽい。」私たちはこの意味で子どもっぽい。だから、通じない。相手が確かに悪い言葉を使った。

でも、その言葉にこだわりすぎないで、相手が言いたかった中身を良く解釈して受け止めれば、大抵納得いくんですよ。大抵納得できますよ。でも相手の言葉にこだわり過ぎて、それをちょっと曲げて悪く解釈したら、全然駄目になる。必要でない喧嘩が多すぎます。

相手の立場を考えるヒント3
：愛されるのは権利ではなく相手からの贈りもの

三番目の相手の立場から考えるヒントは、もう何回も言ったけれど、愛されることは自分の権利ではありません、相手からの贈り物です。愛されるのは自分の権利ではないんです。自分の魅力と価値で獲得した権利ではないんです。社会では自分の権利の為に戦わなければならないですけれども、愛の場である家族にとって権利では無い。全部贈り物。相手が自由にくださるんです。皆この姿勢で家族の中でそして仲間の中でやっていれば、よっぽど明るくなる。権利は暗い。感謝は明るい。

心の涙が分からないので通じない

もう一つ似たような理由です。私には人間の心の涙が分からないので、人間の心の声が分からないので、通じない。だから話してくれない。人間の心の涙が分かる人になればいい。人間の心の声が分かる人になればいい。

何故かと言いますと、人間の一番悲しい涙は、一番苦い涙は、目にまでは出て来ないんです。心に残っています。目の涙は誰だって分かります。「あー、かわいそう。大丈夫ですか？　どうしたんですか？」でも、もっと深い涙がある。それが分からないから通じない。

人間の声は、口に出る声よりも心に残る声の方が大切です。こんな言葉があります。「あなたは私の沈黙が分からなければ、私の言葉も分からないでしょう。」「あなたは私の沈黙が分からなければ、私の言葉も分からないでしょう。」それはそうですね。言わない言葉が分からなければ、言う言葉だけでは、なお分からないでしょう。文法的には分かりますよ。日本語は完ぺきに分かるけれども、心は分からない。サン・テグジュペリの『星の王子様』のきつねは言います、「本当に大切なものは目には見えないものです」と。大切なものは心の眼に見える。心の涙、心の声は、この目とこの耳では聞こえない。心で、心の眼で見える。心の耳で聞こえる。

対等に付き合っていないので話してくれない

もう一つの理由。私たちがその人と対等に付き合ってないから話してくれないこともあり得る。対等な立場を取っていない。夫婦の場合にもそうでしょう。親子の関係もそうです。もちろん、肩書の上ではあなたは上ですね。だってお母さんですから。相手は子どもだ。でも、人間としては同じだということが分からないと通じないと思います。

例えばこの学校の中学生の数学の先生だとしますね。やっぱり生徒よりも数学を知ってますよ、当然。だから数学の知識としては先生は上、生徒は下。ところが人間としては同じ。人間としては対等な立場。そういうことが分からない先生は、何も分かっていないんです。親もそうですよ。あなたはもちろんお母さんですよ。この子が生まれる前からここにいた。でも人間としては同じ。

つまり言いたいのは、私たちは権威と権力を使い過ぎると思います。権威で問題を片づける。「とにかくこうなってるからこうしなさい。こうなってますから。終わり。」もちろんそれはできますよ。でも、う〜ん……。

イエス・キリストはあまり権威を使わなかったね。使わなかった。イエス・キリストの言葉自体が、その言葉の重さ自体が権威になっていたんです。でも、「私がメシアだから、神の子だから、こうしろ！」とは言わない。「私だから」ではなく「私が言うことに説得力があるので、重さがあるので、その言葉を聞いて、よろしければ従いなさい。」ですから、権威に頼らないで内容性に頼る。言葉の内容性。

この点では、はぁ（ため息）、人間が強いほど冷たい。冷たいほど強い。「どうだこれは」と強いほど冷たい。というのは、やっぱり、権力と権威、力のある人はだいたい冷たいんですね。下にいる人たちの気持ちをあまり考えない。力があるもん。力ある人たちだ、だから冷たい。

そして逆に言えば、人間が冷たいほど強い。例えば、学生時代の恋人だとしますね。彼女は彼をすごく愛しているとします。でも、彼は彼女をそれほどでもない。もちろん好きですよ、付き合っているんです。けれども、彼女を失っても死ぬほどのことはないと思っている。ところが、彼女は離れたら死ぬかもしれないと思っているんです。彼は冷たい。彼女は心の温かさがある。冷たいほど強い。何故かと言うと、冷たい人には切り札がある。「では別れようよ。」その切り札ね。彼女はそのことを言えないんです。いくら強がりでも言えないんです。別れたら死ぬかもしれない。でも彼は使える。冷たいほど強い。ですから、権威をあんまり使わない方がいい。もちろん、おもに子どもが小さい時には仕方が無いんですけれども、分かりますね言いたいことは。

考え方や価値観が固くて狭いと通じない

もう一つの分かりやすいことで、自分が固くて狭いので、通じない。相手が話してくれない。私は考え方と価値観が固くて狭い。一方、ご存じの通り今の子どもたちの価値観は多様化している。だから、「この枠に入れて」というのは好まない。相手にしてくれない。

興味が限られていると通じない

もう一つ似たようなことです。私の興味は限られているんです。あることについては全然興味が無い。ところが、そのことについては子どもはすごく興味がある。だから通じない。「これをお母さんと話しても、興味が無いので絶対分かってくれそうもない。絶対分かってくれない。だから話さない。」

しかし、すべてについて、野球についてもサッカーについても趣味についても興味があればいいということではなくて、もうちょっと心の、ものの考え方についての関心ですね。ですから、その人の心の涙が分かっていれば、あなたの娘、あるいはあなたの息子が「今この問題で悩んでいる」ことがあなたにも分かるんです。例えば彼が「失恋しちゃった」と言った時、「女の子はいっぱいいるから、いいですよ。また次が来る」と応じるのは通じない。彼にとって、彼女はすべてだったんです。それをお母さんは分かってくれない。お父さんは尚更分かってくれない。ですから、興味を合わせる。相手に自分の興味を、相手の興味に自分を合わせる。そうしないと通じない。

感情的になる人には話しにくい

もう一つの私たちの欠点。感情的になる。すぐ感情的になる。だから話しにくい。話したいけれども、すぐ感情的になる。「私は喧嘩しに来たんじゃない。でも、そんなことばかり言うのならいいよ、何にも言わない」と。だから、なるべく感情的にならないように。

時間を作った方がいい

もう一つ、これは言いたい。落ち着きが足りない。落ち着きが無い。余裕が無い。確かに時間は無いんです。でも時間を作った方がいい。私はいつも勧めます、この間もお父さんたちにも言ったんですけれども、夫婦でほとんど毎日、原則として子どもたちを寝かせてから、あるいは勉強させてから、二人っきりで十分間くらい過ごすのがいい。十分間、十五分間。話題は何でもいい。何も話さなくてもいい。

先ほど言ったようなことを忘れないで。男性の方が話し合いが苦手。あなた方はお上手。だから悪くすると一方通行の話し合いになる。それは彼にとっては面白くない。するとその十分間は義務でいることになる。そして時計を見てなるべく早く切り上げたいと。そうじゃなくて、彼も楽しくいられるようにしましょう。ですから、聞いてください、会社のことじゃなくても、何でも。

黙っていてもいいけれども一緒にいてください。そこで何か本当に言いたいことがあればその場で言える。そのような場が無ければ、ずっと言えない。言わないからといって忘れたとは限りません。重なりまして、ますます重なりまして、今更遅い時にはいっぺんで爆発するかもしれませんので、その十分間は、そのような時間にしてください。

この間あるお父さんが言っていた。「私は、妻の肩が凝っているので肩を揉んであげる、サービスしてあげる、その時には話す。」それでもいいですよ。あるいは朝ご飯を一緒に食べる。そこでゆっくりと話せる。それもいいですね。とにかく、いつか、気楽に話せる時間を作ってください。

一緒にいること自体がコミュニケーションの基盤

「黙っていても」と言ったのは、コミュニケーションの最高のポイントは一緒にいるということだからです。一緒にいること自体がコミュニケーションの基盤です。一緒にいる。

ところが、おもに男性について言えることですが、家にいるけれども、どういうふうにいるかということにも問題があり得るんです。ある人は傍観者として。少ないですよ皆さんのジェネレーションでは少ないですけれども、傍観者的にいるんですね。子どもたちにはあまり興味が無い。お母さんが全部やればいい。もちろん僕は家事をしないと、何も係わらないでただいる。「それならいなくてもいいですよ。どうぞゴルフをしに行きなさいよ」となるから傍観者は悪い。

もう一つのはもっと悪い。うるさい。うるさい。家にいるけれども面倒くさいよ。いつも怒ったりイライラしたりして、「もう帰ってください。」

だから、相田みつをのこの言葉、私好きなんです。「ただいるだけで、あなたがそこにただいるだけで、その場所の空気は明るくなる。あなたがただそこに、あなたがそこにただいるだけで、人間の心が安らぐ。そんなあなた、こんなあなたに私もなりたい。」そのような人が「いる」だけで、コミュニケーションになる。たとえ無口であっても、たとえ「黙ってサッポロビール」であっても、コミュニケーションになる。

口が軽いので相談しにくい

そして、私たちは口が軽い。これは女性に当てはまるかもしれない。口が軽いので相談しにくい。すぐ皆に伝わってしまう。

押しつけがましい人には相談したくなくなる

また、押しつけがましい。押しつけがましい。このような人に心を打ち明けるのは難しい。例えば、ある子どもがお母さんに言ってみる。「私はこれから、このAという道を通ろうかな、Bという道を通ろうかな」と。お母さんは「Bの方がいい。Bの方がいい」と。子どもが後で考えて、やっぱりAの方がいいと思って、Aの道を歩き出すと、お母さんが怒る。「Bと言ったじゃないですか！」するとと子どもは、「私が相談したのは、命令を受けるためではなくて意見を聞くためです。どうしてあなたの意見を押し付けるんですか」と言う。押しつけがましい人には相談したくない。後が大変ですから。

聞きたい意志がありますか？

もう一つ。これは多い。他人の話を聞かないで、喋りすぎる。他人の話をちゃんと聞かないで喋りすぎる。そういう人とは話したくない。逆に、あまりしゃべらないでよく聞く人は、本当に対話に向いている人ですね。あまり喋らない。でも聞いている。心で聞いている。わざとらしく「聞いていますよ」ではなくて、「この人は本当に聞いてくださっていますね」と相手が感じる。関心をもって聞く。

あなたには聞きたい意志がありますか？　相手の話を聞きたいと思っていますか？　それとも、「まあ、聞いてあげなくちゃ」ですか？　その「聞いてあげなくちゃ」という気持ちでは弱いです。尊敬を持って「この人の心も頭もいい。この人の中にいいことがあります、絶対聞きたい。学びたい」という姿勢で。もちろんこれは言わないんです。言葉で言わないんです。でもあなたの姿勢として「この人の話を聞きたい」。学ぶことは絶対あるはずですよ。この姿勢でいれば、相手は話しやすくなる。

深い所の自分と仲良く話すという充実した沈黙が足りないので通じない

もう一つ。「深い所の自分と仲良く話すという充実した沈黙が足りないので話ので通じない」。深い所の自分と仲良く話す。

深い所の自分と浅い所の自分という表現は、私が勝手に決めました。浅い所の自分というのは、日常生活において、エゴイズムと自惚れに汚れている自分。日常生活のことを考えている時、私たちはエゴイズムと自惚れに汚れて考えているんですね。「今度これを買わなければ……。これをこの人に贈らなければ……。この人はこう……。」そういうことをしょっちゅう考えているんですよ、当然。それは考えないと生きていけない。でもそれは、浅い所の自分と話すことです。もうちょっと深い所に行きましょうよ。

深い所の自分。つまり愛したい自分。純粋に愛したい自分。本当の自分。でも、自分らしい自分と仲良く話す時間はあんまり無いでしょう？　だから深みが足りない……。

私の好きなマチャードというスペインの詩人がこう言いました。彼は無神論者だった。神をすごく求めていましたけれども、「夢かな、錯覚かな」といつも悩んでいたんですね。そして彼はこの詩を書きました。「深い所の自分と仲良く話す人は、いつか神と話せるだろうと望んでいる。」もう一回。「深い所の自分と仲良く話す人は、いつか神と話せるだろうと望んでいる。」神が欲しくなる。

例で言うと、神が心の底にある磁石だと想像してください。磁石。私たちが浅い生活でエゴイズムと自惚れに満ちている時には、その磁石から遠ざかっているんです。影響は届かないんですね。ところが、私たちが深い所の自分に降りて、自分と仲良く話していれば、その磁石の影響力を感じられる。そして神が欲しくなる。神と話したくなる。できるかどうか分からないけれども、欲しくなるんです。ですから、深い所の自分、愛したい自分と話す。そういうふうにすればいいと思います。

「言わせて・聞かせて・実らせて」という祈り

最後に、もう時間ですから、いつもよく言うことですが。「言わせて、聞かせて、実らせて」という小さな祈りを繰り返すといい。

あなたは家族に重大な注意をしなければならない時もある。真実を言わなければならない時もあるけれども、その真実は怖い。相手のプライドに傷をつけるかもしれない。

あるいは、精神的なことで悩んでいる人を元気づけてあげたいけれども、かえって言葉は怖い時がある。場合によっては、一番言ってはいけないことを言っちゃうかもしれない。「頑張ってください。頑張って。」それは言わない方がいいのに……ですから言葉は怖い。

あるいは人の前で話さなければならない、いろいろな難しい話がありますね。微妙な、デリケートな話が。

その時には、この祈りが良いと思います。自分で考えたのですが。「言わせてください」。つまり、「神様、あなたがこの人に言いたいことを私に言わせてくださいさい。私の声を使ってあなたが言いたいことを言ってください。」つまり私が言いたいことを私が言えば、乱暴に言い過ぎるかもしれない、傷つけるかもしれない、滅茶苦茶にする可能性は強い。でも神様はこの人をすごく愛してくださるでしょう、このことをやっぱり言った方がいいと思っていらっしゃるでしょう。ですから、「あなた（神様）がその人に言いたいことを私に言わせてください。」

それから「聞かせて」。「聞かせてください」「その人が私に言いたいことに対して私の心を開いてください。その人が私に何か言うかもしれません。それを私が聞こえるようにしてください。

そして「実らせて」。「この話は『今』だけではなくて、これからずっとその人のためにも私のためにも役立つ話になるように。実を結ぶようなことになるように。」

「言わせて、聞かせて、実らせて」という祈りを自信を持ってお薦めします。一石二鳥。その日その話は上手くいくんです。上手くいくんです。そしてまた、あなたは神様に近寄る、自然に。神様と仲良くなる。

今日はここまで

このようなことを皆さんの旦那様たちに話しましたので、今度家で話し合ってくだされば幸いでございます。今日はここまでにします。お疲れさまでした。ありがとうございました。また次に会いましょう。終わりの祈りは恵みあふれる聖マリア（「聖母マリアへの祈り」２５６頁）にします。ありがとうございました。

（平成22年６月10日）

（1）ミヒャエル・エンデ『モモ』（大島かおり訳、岩波文庫）

「小さなモモにできたこと、それはほかでもありません、相手の話を聞くことでした。なあんだ、そんなこと、とみなさんは言うでしょうね。話を聞くなんて、だれにだってできるじゃないかって。

でもそれはまちがいです。ほんとうに聞くことのできる人は、めったにいないものです。そしてこのてんでモモは、それこそほかにはれいのないすばらしい才能をもっていたのです。

……中略……

道路掃除夫ベッポは頭が少しおかしいんじゃないかと考えている人もありました。なにかきかれても、ただニコニコと笑うばかりで返事をしないからです。ベッポはじっくりと考えるのです。そしてこたえるまでもないと思うと、だまっています。でも答えがひつようなときには、どうこたえるべきか、ようく考えます。そしてときには二時間も、場合によってはまる一日考えてから、やおら返事をします。でもそのときにはもちろんあいては、じぶんがなにをきいたかわすれてしまっていますから、ベッポのことばにくびをかしげて、おかしなやつだと思ってしまうのです。

でもモモだけはいつまでもベッポの返事を待ちましたし、彼のいうことがよく理解できました。こんなに時間がかかるのは、けっしてまちがったことを言うまいとしているからだと、知っていたからです。」

5　3S・祈りについて

5－1　サマリア人から歓迎されなかった時の二人の弟子とイエス様

今日も3Sについて話します

おはようございます。では、今日の話を始めましょう。3Sについて考えます。3Sというのは、いつか言ったように、日本語のローマ字でSで始まる三つの動詞のことです。イエス・キリストを「知る」「好きになる」「従う」。イエス・キリストを「知る」「好きになる」「従う」。知っていれば知っているほど好きになる。好きであれば自然に従いますね。キリストのように、キリストと共に、生きる。それを背景にして、今度はこの福音を少し考えましょう。ルカによる福音書9章51節から56節まで。よろしいですか？　はい、では朗読をお願いします。

ルカによる福音書9章51節～56節：サマリア人から歓迎されない

イエスは、天に上げられる時期が近づくと、エルサレムに向かう決意を固められた。そして、先に使いの者を出された。彼らは行って、イエスのために準備しようと、サマリア人の村に入った。しかし、村人はイエスを歓迎しなかった。イエスがエルサレムを目指して進んでおられたからである。弟子のヤコブとヨハネはそれを見て、「主よ、お望みなら、天から火を降らせて、彼らを焼き滅ぼしましょうか」と言った。イエスは振り向いて二人を戒められた。そして、一行は別の村に行った。

この話の背景

ありがとうございました。イエス様は、エルサレムに向かって旅をしていました。

これについて、ちょっと知識のためにお話しさせていただきますが、ヨハネによる福音書によれば、イエス様は何回もエルサレムに行っていました。これは本当だったはずです。ユダヤ人たちはよくエルサレムに巡礼に行っていた。でも、マタイとルカとマルコ、その三人の福音書には、「一回だけ行く」と書いてあるのです。それは「イエス様はエルサレムに向かって旅をしています。エルサレムに着いたらそこで殺される」ということを強調するためです。これは、文学的なテクニックです。その意味では、この福音書は完全に歴史的なことではないんです。エルサレムに行ったこと自体は歴史的なことですけれど、書き方の順番は福音記者によります。

これはルカによる福音書ですので、一回だけイエス様はエルサレムに向かって旅をしています。イエス様はガリラヤにいた。ガリラヤは北側。そして真ん中はサマリア、他の国ですね。そして南はユダヤ。ユダヤにはエルサレム、都がある。イエス様は北からエルサレムに上って行ったので、真ん中のサマリアを通らなければならなかったのです。

イエス様にはサマリア人の友達が多かった。実はサマリア人とユダヤ人たちは大変仲が悪かった。ユダヤ人たちはサマリア人たちを軽蔑していました。文化の程度は低いし、宗教も違う。異邦人。サマリア人と結婚するユダヤ人は村八分にされるほどだったんです。サマリア人と結婚するのは罪で、それはその二人が罪を犯すだけではなくて、その後その子どもとその次の子どもと、十代まで罪が残ると、そんな酷いことを考えていたのです。サマリア人は軽蔑されていたので、反動でユダヤ人たちをすごく嫌っていました。

イエス様はそこを通りたかったんです。イエス様ですから、サマリア人から歓迎されたでしょうけれども、エルサレムに向かって行くということを聞いたサマリア人たちは頭にきましたね。「それなら通さない。遠回りしてください。」メッセンジャーであった弟子の二人は最も偉い弟子です。ヤコブとヨハネ。兄弟ですね。その人たちはサマリア人たちに断られて、戻ったんです。このお話はその時のことです。

力のある人はその力を使いたがる

この弟子たちは断られて頭にきたんですよ。まず、プライドが傷ついた。この、程度の低い人たちが私たちに駄目だと言うんですから。「何だこれは！」とすごく頭にきたんですね。そしてまた、不便だったんですよ。遠回りしなければならない。そしてまた、彼らに力が与えられていたんです。特別な能力で、悪魔を追い出す能力。その力が一体どういうことだったのか分かりにくいけれども、とにかく、特別な力をいただいて、ホヤホヤしてたんです。

力のある人は、その力を使いたがるでしょう？「見ろ、どうだ、これは！」

と。力と権威のある人は、それを使いたがるんです。例えば、イラク戦争の始まった時にもそうだったでしょう？　力のある国は、それを見せたい。それを使いたい。それで戦争が起こるんですね。私たちの次元でも、力のある人はそれを使いたがるんですよ。

この二人は、サマリア人に断られたのでプライドが傷ついた。そして、遠回しなければならなかったことで、懲らしめたかったんですね。それで、「……天から火を降らせて、彼らを焼き滅ぼしましょうか？」ということを言うんですね。実は預言者エリアも同じようなことをしたんですけれど、それ（エリアの話）は別にして、二人の弟子はこう言うんですね。「罰を与えようか！　力があるから！」と。イエス様は戒められた。「絶対駄目です」と言いました。叱ったんです。これを考えると、なるほど、私たちにも当てはまるんですね。

力のある人はその力を使いたがる：私たちにも当てはまる

思い出してください、歴史で、宗教の裁判がありましたね？　おもにスペインで。文字どおりに焼き滅ぼしていたんですね、異端者と思われていた人たちを殺すんです、神の名前で！　宗教の名前で、人を。

ですから、人間はずるい。人間の本音は、自分のプライドと自分のエゴイズムですよ。この弟子たちみたい。遠回りしなければならないから相手を懲らしめたい。建前としては、宗教、神の名前、福音宣教という理由を使うんですけれども、結局自分に逆らう人を罰する。うーん、醜いことですね。

変わっていった二人の弟子たち

もう一回、聖書の内容を考えてみれば、「焼き滅ぼしましょう」と言った二人は、あの二人でしたよ。いつかお母さんと一緒にイエス様のところに行き、お母さんが息子たちのことをお願いした、その二人です。お母さんはイエス様に言いました。「お願いがあります」「何でしょう？」お母さんは言う、「新しい神の国ができたら、この息子をイエス様の右側にしてください。もう一人の息子を左側にしてください。」つまり、一番偉いポストにいるように頼んだのですね。二人の弟子たちも頼みました。それで他の弟子たちから怒られて、「お前たちの陰謀だ。私たちを裏切ってこんなことをイエス様に頼むなんて酷い！」と怒られたんですね(1)。野心があって、皆の上に立とうとしていた二人が「焼き滅ぼしましょう」と言うんですね。ですから、良くない。

ところが、この二人は変わっていった。確かに悪いことをしましたね。でも、キリストに従って、一緒にいたのです。それで、少しずつ、キリストの価値観とものの考え方と生き方が、自然に二人の心に入って、終わり頃は、すっごくいい人になりました。最初は良くなかったけれども、キリストに従っていたのです。これを学びましょうよ。自分なりに、キリストのように、キリストと共に生きるのだったら、たとえ悪いことをしても、たとえ迷子になったとしても、道を外れたとしても、結局キリストと一緒にいればだんだん心が清められる。

「その人が助かる」ことを望んだイエス様

では、このキリストはどういう態度をとったかと言うと、「イエス・キリストは戒められた」。イエス様は自分の特別な力を、困っている人が助かるために使います。自分の奇跡を行う力は人に罰を与えるためには一切使いません。いつも、困っている人が助かるために、その力を使うんです。精神的にも肉体的にも、困っている人が助かるために、その力を使います。ですから、いつも言うように、「他人を助ける」ということよりも、「他人が助かる」ことを望んでいます。イエス様が望んでいるのは、「私が他人を助ける」ということよりも、「他人が助かる」ということです。

「私が他人を助ける」のだったら、私は主人公になる。感謝される。誉められる。偉い人です。でも、そうではなくて、「他人が助かる」ということを求めれば、私は目立たない。感謝されないかもしれない。認められないかもしれないけれども、この困っている人が助かる。これは純粋。イエス様はいつもこういうふうに自分の力を使っていました。

他人に罰を与えるためではなくて、助かるためです。これを見ていた弟子たちは、次第に、自然に、心が清められていったでしょう。私たちも、そうしましょう。

「自分が感謝される」ことを求めなかったイエス様

そしてまた、イエス様は自分の利益のためには絶対奇跡を行わない。自分への御礼のため、お金のためには絶対使わない。そして、自分が感謝されることを求めない。「私に感謝しないで、神様に感謝しなさい。賛美しなさい。」「私に感謝しないで、誉めなくてもいい。」しかも、自分の評判を求めない。自分の評判を求めない。それどころか、「誰にも言わないで」とイエス様は言うのです。「誰にも言ってはいけません、私があなたを癒したということを。」評判は欲しくない。

私たちはだいたい、いいことをする時には皆に分かってもらいたいんですね。でもイエス様は「誰にも分からなくても、この人が助かったら、それでいい。この人が神様に感謝して、神様がこの人を抱きしめてくだされば、それでいい」と。「私はどうでもいい、なんとかなるでしょう」と。その考え方ですね。

自己防衛のためには御自分のお力を使わなかったイエス様

そして、イエス様は、自己防衛のためにはその力を使わない。自己防衛のためには使わない。自分を守るためにその力を使っていたならば、決して殺されなかったでしょう。それどころか、イエス様は人を助けるためには、危ない所まで入って行ったんです。

この例があります。ある外国だったんですけれども、イエス様が、ある墓地のところを歩いていたら、墓場から、悪魔に取りつかれている二人が出てきた。すごく怖い人だったんです。そこは怖くて誰も通らない。でも、イエス様は、その人たちを助けるために、そこに行ったんですよ。あの二人は墓場から出てきて、「@＊#$%&（意味の分からない言葉）！」と叫ぶ。怖かったでしょう！　あの二人は力持ちで。私たちはいつも、「イエス様は神様ですから大丈夫」と言うけれど、そうではない。神様だけれど、その力は使わない。だから怖かったはず。危なかったはずです。けれども、イエス様はそこに行って癒したんですね。助けるためには危ないところまで行くのです。（2）

メシアだと証明する目的ではお力を使わなかったイエス様

そしてまた、イエス様は自分がメシア（救い主）だということを証明するためには、その力を使いません。だから、奇跡を行って、「私はメシアだから」と言うようなことはなさらなかった。あくまでも、困っている人が助かるために、その力を使います。

結果的には、その奇跡を見て、メシアだと認める人が多かったけれども、それは結果です。目的は明らかでした。

イエス様は近くから人々を癒された

そしてまた、イエス様は近くから人を癒していました。近くから。私たちが第三世界にお金を送ることはすごくいいことですよ、でも、遠いですね。遠いですね。イエス様は、近くからです。悩んでる人の隣にいる。そこから共感が湧き出るんですね。いかにこの人が困っているかが分かる。困っている人の気持ちが分かる。そばにいるから。

この時代、ハンセン病に罹っている人たちは他の健康な人たちに近寄ってはいけなかった、法律的に。伝染病ですし、危ないし。そして、その人たちは病気だというだけではなくて、その病気は天罰だと思われていたのです。その人かまたは親が悪いことをしたので結果としてこの人はこの天罰を受けている、だから近寄ってはいけないと考えられて、村八分にされていたのですね。でもイエス様はその人たちのところに行くんですよ。「私を癒してください」と言われて、イエス様は、「手を差し伸べただけでその人に触れた」と書いてある(3)。ということは、1メートルにならない距離で立っていらっしゃったということです。その人に近かった。手をさし延べるだけで、触れました。これを考えると、私たちは、本当に悩んでいる人から離れていますね。何とかすればいいかもしれません。確かに精神的に悩んでいる人が多い。経済的には恵まれていても精神的に悩んでいる人もいます。それも、可哀想。やっぱり、その人の近くにいましょう。それと同時に、精神的にも肉体的にも、健康の面でも、食べ物の面でも、職業の面でも、非常に困っている人がいますね？　その人たちから私たちはひょっとしたら遠いです。遠い。だから、共感が湧いてこないんです。その人の気持ちが分からない。

イエス様は尊敬の上で人々を癒された

それから、イエス様はその人たちを尊敬の上で癒しました。他人を癒す時には、冷たい同情の上で癒すのではなくて、尊敬の上で癒す。尊敬を抱いて癒します。冷たい同情ではなくて。この苦しんでいる人はもちろん可哀想。イエス様はこう言う「苦しみは、治すべきものだ。」だから彼は苦しみを癒していたんですね。病気は治すべきものだ、できるだけ。貧しさも直すべきものだ、できるだけ。でも、いくら努力しても結局この世の中には悩んでいる人がいる。病気になる人がいる。貧しい人がいる……それは、どうしても、そうなっていますね。

貧しさは良くない、でも、「貧しい人は幸いである」[4]とイエス様は言う。可哀想とは言わない。「貧しい人は幸いである。」泣いている人は可哀想とは、もちろん思うんですけれども、「幸い」と言う。それは、尊敬ですね。冷たい同情ではなくて、尊敬。これも私たちに欠けているかもしれません。いつも上下関係で。冷たい同情で。「ま、やってあげる」と。しかしキリストは、頭を下げて、「させていただいております」という態度です。何故かと言うと、神様がこの人に特別に近い、神様がこの悩んでる人を特別に抱きしめているから、この人は尊敬すべき者です。神様がその人に近い。そしてこの人が、神に近い。

悩んでいる人は忍耐強い

逆に「この人が神に近寄っている」というのは、忍耐があるんですね、この人は。悩んでる人は忍耐強い。忍耐強い人は、愛に近い。愛である神に近い、忍耐があるから。忍耐と練達。この間言ったように練達。その忍耐で、この苦しみを越える、我慢する、経験がある。だからこの人たちは、神に近い。だから幸いである。

悩んでいる人は謙遜

そしてまた、悩んでる人、泣いてる人は謙遜です。謙遜になる傾向がある。いっぱい持ってる人は威張る危険性が強いですね。立派なベンツに乗ってる人は、だいたい威張るんですね。ボロボロの自転車に乗っている人は威張らない。豪華な服を着ている人はいっつもお金のある人。教養が、身分がある人たちは、だいたい頭が高いですよ。その富で自然に人間が威張る。謙遜でなくなる。傲慢になる危険性が強い。傲慢は人間を愛から離させるんですね。傲慢は人間を愛から、愛である神から離させます。引っ張り出す、外へ。

悩んでいる人は感謝の気持ちが深い

そしてまた、悩んでる人たちは、感謝の気持ちが深い。感謝する気持ち。何も無い時、おにぎりを一個貰うだけで嬉しい。でも、今の私たちはおにぎりを貰っても、よっぽど美味しいおにぎりでなければいらない、と言うかもしれないですね。彼らは、何でもいいから、本当にありがたいと思う。感謝の気持ちが深くなる。感謝は人間を愛に近寄らせる。感謝は人間を愛に、そして愛である神に近寄らせる。だから幸いである。

苦しみは共感をもたらす

そしてまた、先ほど指摘したように、苦しみは共感をもたらす。共感。苦労する人は、苦労する人の気持ちが分かる。苦労する人は、苦労している人の気持ちが分かる。苦労をあまり知らない人は……まあ誰だって苦労していますね。私たちがここに、この暑い所に来たということは苦労したんですよ。でも、その苦労は大したことないんですよ。本当の苦労と比べれば。ですから、ホントに苦労してる人は、苦労する人の気持ちが分かる。だから、何とかする。何とかしてあげたいと思う。共感。その共感は人間を愛の行いに近寄らせる。愛の行いを引き出してくれる。

イエス様の価値観

このような理由で、イエス様は「この人は幸い」と言った。忍耐と感謝と謙遜、そして共感を深める苦しみと悩み。そのような悩みなのでイエス様は「この人は幸い」と言った。イエス様の価値観ははっきりしていますよ。幸せは愛。不幸は罪。罪は不幸。罪と言うのは、心を裏切る。心を裏切る。例えば、出世のために、我儘のために、心を裏切る。それは罪です。それは不幸。たとえ上手くいったとしても、不幸。心を汚したから。罪は不幸。そして、愛は幸せ。愛は幸せです。また悩みと苦しみは、忍耐と謙遜と感謝と共感を深めてくれるので、人間はそれによって愛に近くなる。愛は幸せですので、貧しい人は幸いである。泣いている人は幸いである、と言うのです。ですから、イエス様は、冷たい同情ではなくて、尊敬の上で人を癒してくださっていました。

イエス様は人々の信仰を引き出して癒された

最後に、イエス様は、人の信仰を引き出して癒す。人の心の信仰を引き出して癒す。「信じなさい。自分を信じなさい。家族と良い友達を信じなさい。そして、神を信じなさい。それがあれば、今私はあなたを癒すけれども、私が癒したよりも、あなたの信仰があなたを救った」(5)と何回もイエス様は言うんですね。目の見えない人を癒す時にも。重い皮膚病を患っている人を癒す時にも。ほとんど皆に言うんです。「私が癒してあげたんじゃなくて、あなたの信仰があなたを救った。だから、信仰を引き出して、信仰に生きることにしなさい。そうしたら、私がそばにいなくても、自分で自分を救うことができるでしょう。信じなさい」と。イエス様は信仰をすごく強調していました。

信じなさい

その信仰。自分を信じなさい、自信。自分の実力と、自分の心を信じなさい。「もう心は空っぽになったから」。そうじゃない。空っぽだと思っているあなたの心は神秘的に豊かですよ。あなたがそのように思っている時に豊かですよ。もう何も無くなったと思ったら、また湧き出る。ですから、あなたの心は、泉のようなものです。ペットボトルとは違う。ミネラルウォーターのボトルがあったら、飲めば無くなる。もう出てこない。いくら絞っても出てこない。ところが私たちの心には、そのボトルとは違って、泉があるんです。だから、無くなったと思ったら、また湧き出る。また湧き出る、それを信じなさい。中が空っぽになったと思ったらまた湧き出る。あなたの信仰があなたを救う。もう駄目だと思っても、駄目じゃない。「でも、どうしようもないんじゃないですか?」「ええ。でも、どうしようも無いこともない。あなた、頑張って、忍耐をもって、やりなさい」と。自分を信じなさい。

友達、いい友達と、家族を信じ……みんなを信じない方がいい(笑)! 信じない方がいい人もいます、正直言って。常識的に、なるべく信じた方がいいけれども、うーん、ちょっと明らかにこの人はずるいから信じない方がいいという場合もある。でも、信じてもいいと思える人がいますね、あなたの周りに。100パーセント信じてもいいという人はいないかもしれませんけれども、十分信じてもいい人はいるでしょう? 多少裏切られることもあるかもしれないけれども、全体的には信じてもいい人はいるでしょう? その人を信じなさい。ところが、私たちはその人のことさえもあまり信じない時があります。もっと素直に心を開いて信じなさい。

「信じたから裏切られた」ということは悲しい。けれども、「裏切られないために信じないことにする」のは一番虚しい。いいですか？「信じたから裏切られた」ということは虚しい。本当ですすねぇ……。この人は大丈夫と思って信じたのに裏切られた、それはすごく悲しい。じゃあ、その時には信じないことにするのですか？……そうではない。「信じたから裏切られた」ということは悲しい、けれども、「裏切られないために信じないことにする」のは、一番虚しい。「裏切られないために信じないことにする」ことが時々ありますね、若い人にもありますよ。皆さんの可愛い娘さんたちにも、この気持ちがあります。「もう信じない。」表では、わあわあとやっています。でも信じない。それは残念。それは一番虚しい。信じないと、孤独になるでしょう？　孤立しちゃう。ですから、人を信じ、そして自分なりに神を信じなさい。自分なりに神を信じなさい。

こんなイエスに私もなりたい

こういうふうに、イエス様が生きていた。良い行いをしていたんです。ヤコブとヨハネ、その二人の弟子たちと他の弟子たちは、最初は醜い争いと傲慢と、いろいろな醜いところがあったけれど、イエス・キリストに従っていたので、イエス・キリストの精神が自然に入った。ですから、私たちも「こんなイエスに私もなりたい」。この祈りをすればいいと思います。「こんなイエスに私もなりたい」。イエス様の奇跡、イエス様のあり方、言葉を見て、「あ、これは本物。こんなイエスに私もなりたい」と、時々聖書を読んで、黙想して、神様と話しましょうよ。イエスを知る、イエスが好きになる、イエスに従う。「従う」というのは「そういうふうに私もなりたい」という意味ですね。

愛の行い

「こんなイエスに私もなりたい」と祈りながら、同時に、「愛の行い」をしましょうよ。愛の行い……輪を広げて、愛の行いをしましょう。「輪を広げる」ということは、もちろん私たちが、おもに若いお母さんである皆さんが、まず自分の家族を大切にしますね。しなければならない、だけではなくて、どうしても「したい」んですよ、何よりも。それは当然。ですから、その家族に対して、愛の行いをしましょう。いくら愛している家族であっても、時々、その愛の行いには、ちょっと面倒なところも大いにあるんですね。「ここまでしなくてもいいんじゃないか？」と思う時もありますが、家族のために、行いで愛しなさい。

輪を広げる

と同時に、「輪を広げる」。イエス・キリストが勧める愛は、輪を広げる。外の人たちも大切にしなさい。家族に対してと同じ気持ちでするのは難しいかもしれませんが、あなたを必要としている人に対しても、心を開きましょう。そしてまた、家族を愛することによって、家族に向かって心を開くので、その開かれた心をみんなに移しなさい。家族を通して、心を開く。家族に心を開いて、そこに留まらないで、輪を広げて、あなたを必要としている外の人も、行いで大切にしなさい。

そうしたからと言って、あなたの家がいつも誰でもいる旅館みたいになることはありません。心を開いて外の人も大切に。家族の無い人、あるいは、いろいろな理由で困っている人のために。具体的に言えば、皆さんの近くの区役所かどこか、あるいはボランティアセンターを通して輪を広げましょう。もちろんあなたがたは、それぞれに家族がいるので、すごく忙しいでしょう。でも、人間はいくら忙しくても、やる気があれば不可能なことはないので、少し、ボランティア活動をしてみればどうかなぁ？　あなたの近くに、例えば、あるおばあちゃんが、本当に不自由な生活をしている。そこで、あなたは時々行ってご飯を作ってあげたり、介護したりする。必要とされるボランティア活動はいろいろありますね。皆さんはもちろん忙しいけれども、そうでもない人もいるかもしれません。皆さんの個人的な生活はどうなっているのかさっぱり分かりませんけれども、他の方々を見ると、テニスをしたり。私も今朝テニスをした。一時間だけ、ここのパパの広場の人とやっていました、上智大学のグラウンドで。でも、一時間です。六時半から七時半まで。そのあとで皆仕事に行くね。そうじゃなくて、午前中あるいは午後ずっと、テニスを週三、四回する人がいる。遊ぶのはいい。体のためにいいけれども、その時間があれば、他の人のことを考えてもいいんじゃないんですか? 少しその遊びの時間を削って、あるいは井戸端会議の時間を削って(笑)、少し他人のことを考えればいい。ですから、外側に向かって輪を広げて、ボランティア活動をしながら、実践的にしながら、「こんなイエスに私もなりたい」と祈ればいいと思います。

福音の箇所についてはここまで

先ほど言ったことを強調しますけれども、私たちは宗教といろいろなことを利用して、他人を焼き滅ぼそうとするんですね。それは、良くないですね……。

この福音の箇所はここまでにしますけれども、「こんなイエスに私もなりたい」。少しこのことについて話します。これから夏休みも始まるし、今日はもうちょっと時間がありますので、少し「祈り」について考えてみましょう。

5-2 「祈り」について

祈りについて少し考えてみてください

いろいろな祈りができます。でも、皆さんの中には、神様がまず存在するかどうか分からない、と言う方もいらっしゃるでしょう。それでもいいですよ。あるいは、神様はいるでしょうけれども、全然馴染まない、と言う方もいらっしゃるでしょう。ですから、神様に「話したり」「頼んだり」などと言われても何だかあまり話が理解できないと思われるかもしれませんが、少し、祈りについて考えてみましょう。

三つの願い

祈り。この前に似たようなこと言ったけれども、ちょっと考え直しました。この祈りをすればいいと思います。神を信じる人は神様に向かって。それを信じない人は深い所の自分に向かって。三つの願い「あなたがこの人に対して感じることを私に感じさせてください」、「あなたがこの人になさりたいことを私にさせてください」、「あなたがこの人に話したいことを私に言わせてください」という三つの願いを祈りましょう。

「三つの願い」の祈りの説明

説明します。「この人」というのは、まず、あなたの家族、あなたの娘、あるいはあなたの友達。あるいは、悩んでいる人。あるいは、あなたと仲が悪くなった人。今はちょっと喧嘩中、頭にきている人、よくあるでしょう？　まあ、好きな人、まあ友達ですけれども、この頃は何か、やはりあんなことをしたのでもう許せない、その人ね。その人に対してあなたは「ぶーぶー」と思っているでしょう？　いろいろな悪口を言っているかもしれませんね。では、その時です。「主よ、愛であるあなたが、純粋な愛である神が、この人に対して感じていることを、私に感じさせてください」と祈りましょう。神様はあなたの娘のことに対して何かを感じてますね。純粋に愛してくださる。ところが、お母さんは娘をすごく愛していますけれども、自分のエゴイズムと傲慢に汚れている心ですので、愛しているけれども、その愛でこの子を駄目にする危険性もある。駄目にするほどではないけれども、あまり良くないことをするかもしれない。だから、「純粋な愛をこの子に対して感じている神様よ、私もそういうふうに感じるように、させてください」と。

あるいは、嫌な人に対してだったらどうしましょうか。神様は、私が嫌だなと思ってる人でも、愛してくださるんですね。だから、「主よ、あなたがこの人に対して感じることを、私に感じさせてください。」ちょっと嫌な願いですけれども ね（笑）。私はこの人を、別に愛したくないけれども、神様はこの人を愛する、これを感じさせてください。「あなたがこの人に、この人のためになさりたいことを、私にさせてください。」

神様はあなたの娘、あなたの家族のために、いろいろなことをしたいんですね。本当の幸せを求めますので。「それを、私にさせてください。」平和の祈りがありますよね。「私をあなたの平和の道具としてお使いください」はこういう意味ですね。「あなたの愛の道具として私を使ってください」、「あなたがこの人にしたいこと、なさりたいことを私にさせてください。」そして、「あなたがこの人に言いたいこと」、話したいことがあるでしょう? 場合によって、ビシビシ、注意する時もあるんですね。神様がその娘にちょっと言いたい、他のところは誉めたい、他のところは一緒に黙って喜びたい、「あなた（神様）」はこの人に話したいことがある、あるいは私が嫌だなと思っている人に、神様がその人に駄目だと言いたいことがあるでしょう、それを私に言わせてください。あるいはこの人が鬱で悩んでいて、神様は元気を取り戻させたいんですね。それを、私を通してさせてください。この祈りをすれば、一石二鳥になります。

この祈りで、その人に近くなる

そうすると、あなたは、その人に近くなる。あなたの娘に対する愛は清められる。愛と行いが清められる。その人が、ちょっと嫌な人だったならば、あなたはその人にやや近くなる。近く感じられる。少しは理解できるようになる。少しは相手の立場からも考えられるようになる。それは一つの良い結果ですね。

この祈りで、神に近くなる

もう一つの結果は、あなたは神に近くなる。しかも、雲の上の抽象的な神なのではなくて、あなたの日常生活に入り込んでいる神と仲良くなります。ですから、すごく良い祈りの仕方だと思います。

神とのコンタクト、神とのコミュニケーションを感じて、子どもに感じさせてください

他の祈りの仕方をいくつか言っておきましょう。あなたはお母さんとして、この学校の生徒のお母さんとして家族で祈るということはあるでしょう。でも、家族で祈ることは難しい時もありますね。

私たちスペインの者は子どもの時から皆カトリック（の信者）ですから、スペインでは、夜はロザリオを祈っていました。私は五人兄弟の一番下で、みんな男性です。夕食の終わりに母はロザリオを持ち出して、「始めましょう、ロザリオを始めましょう」と呼びかける。その時私たち子どもたちはブワァと逃げちゃうね（笑）。トイレに入ったり、ベッドの下に入ったり、みーんな逃げる。すると母は一人一人引っ張っていく。だから仕方なく祈ってたんです。嬉しくないけれども、まあ、なんとか祈っていました。そのようにロザリオを祈ってもいい。そ

れも難しければしなくてもいいけれども、少なくとも、あなたは、お母さんは、神と話せるような人間になるといい。

そして、それを子どもに感じさせてください。講義で「祈りとは何か」という堅いことではなくて、何か、神とのコンタクト、神とのコミュニケーションを感じて、感じさせてください。ロザリオを一緒になど。食事の前の祈りなどは簡単にできる。それは、あまり問題、抵抗はないと思いますけれども、長いロザリオは難しい時もあります。あるいは一緒に教会に行って、信者でなくても、教会に行って子どもたちと一緒にミサにあずかることはできる。もっと大きくなったら嫌がるんですけれどもね。でも、少なくともあなたは心の中で神とのコミュニケーションを持ってください。そうすれば、子どもたちは大船に乗った気持ちでいられるんです。

インスタント祈り

そのために、インスタント祈りがあります。インスタント祈り。ちょっとだけ。一言。電車に乗っている時にも、お料理をしている時にも、ちょびっとだけ。何か神とのコンタクトを温かく保つという祈りですね。簡単にできます。

唱える祈り

もう一つの祈りの仕方はボーカルという祈りです。例えばロザリオ。「恵みあふれる聖マリア」「天におられる」それを、ゆっくりと唱える。ゆっくりと唱える。「天におられる私たちの父よ、み名が……」それをちょっと意味を考えながら、意味を分かるようにして、ゆっくりと唱える。心の中で声を出して。つぶやいて。ね？　それがいい。そのために、いろいろな本の祈りがあります。いえ、祈りの本。本の祈りではおかしいですね、あはは（笑）。祈りの本がありますね。それをできれば、買って、使ってください。その中には、好きな祈りが出てくるでしょう。それは何回も繰り返せば暗記できるので、それを唱えてください。

願いの祈り

もう一つ。これが一番。願いの祈り。願いの祈り。これを、大いにしましょう。何かを願ってください。あなたの家族のために、あなたの友達のために、この世の中の平和のため、子どもたち、病人のために。悩んでいる人のために。よぉく願ってください。

gracia を願う

一番願うべきことですが、それは gracia です。健康とお金は全部物理的なことです。それと同時に、それよりも、心の元気、心の元気という gratia（ラテン語）、gracia（スペイン語）。英語で grace。Amazing Grace　ララーラララーラーララララーラーラー（歌）その grace ね。つまり grace というのは、心の元気ですね。もっと具体的に言うと、神の身近な温かさを感じさせてくださる恵み。神様は存在するだけではなくて、身近に、温かく感じられる。それを感じさせてくださる「恵み」ですね、それを願うんです。悩んでいる人のために、これを願うんです。もちろん、健康も願うんですけれども、健康が無理だったとしても、少なくとも、「心の元気」であるこの gracia をお願いする。そして gracia は、愛されている実感、愛したい望みを引き起こしてくださる恵みです。愛されている実感。神様からだけではなくて、人間からも、私が思っているよりも愛されている実感。そして、愛したいという望みを引き出してくださる「恵み」。これを願いなさい。

諦めないで願う

そして、イエス様が教えてくださったように、くどく、しつこく、飽きずに、願いなさい(6)。神様に負けないで。「どうしてもお願いします」「お願いします」と。

ある私が知っている若い男性のお医者様の話、あの時彼にはまだ子どもがいなかった。彼は「私は子どもが産まれるなら女の子の方がいい」と言う。「どうしてですか？」と聞くと彼は言いました。「私は癌の専門家だけれども、患者の娘さんたちが来ると『先生お願いします、お願いします』と言う。『でも、ちょっと』と答えても『お願いします、お願いします、お願いします、お願いします』って言うんですね。患者の息子さんたちが来る時には『先生、やっぱり駄目ですか？』と言う。だから女の子の方がいい」と(笑)。息子さんたちは「やっぱり駄目ですか」と言うんですね。神様は娘さんたちのように、しつこく祈ってほしいのです。「お願いします、お願いします。」諦めないで、しつこく祈りなさい。

感謝して祈る

そして、最後に、祈る時には感謝して祈りなさい。祈っている時、結果が見えなくても、その結果を信じて、感謝しなさい。結果が見えないときでも、その結果を感謝しながら祈りなさい。たしかに、その結果は、必ずしも私たちが各々祈っているとおりに現れないかもしれませんけれども、絶対聴いてくださる。それを感謝しながら祈りなさい。こういうふうにすれば、いいと思います。

えー、では、今日はもう時間になりましたので、ここまでにしましょう。マリア様に祈りましょう。

十「聖母マリアへの祈り」（256頁）

お疲れさまでした。また、次回まで。お疲れさまでした。

（平成22年7月1日）

（1）「ヤコブとヨハネの母の願い」（マタイによる福音書20章20節〜28節）

そのとき、ゼベタイの息子たちの母が、その二人の息子と一緒にイエスのところに来て、ひれ伏し、何かを願おうとした。イエスが「何が望みか」と言われると、彼女は言った。「王座にお着きになるとき、この二人の息子が、一人はあなたの右に、もう一人は左に座れるとおっしゃってください。」イエスはお答えになった。「あなたがたは、自分が何を願っているか、分かっていない。このわたしが飲もうとしている杯を飲むことができるか。」二人が、「できます」と言うと、イエスは言われた。「確かに、あなたがたはわたしの杯を飲むことになる。しかし、わたしの右と左にだれが座るかは、わたしの決めることではない。それは、わたしの父によって定められた人々に許されるのだ。」ほかの十人の者はこれを聞いて、この二人の兄弟のことで腹を立てた。そこで、イエスは一同を呼び寄せて言われた。「あなたがたも知っているように、異邦人の間では支配者たちが民を支配し、偉い人たちが権力を振るっている。しかし、あなた方の間では、そうであってはならない。あなたがたの中で偉くなりたい者は、皆に仕える者になり、いちばん上になりたい者は、皆の僕になりなさい。人の子が、仕えられるためではなく仕えるために、また多くの人の身代金として自分の命を献げるために来たのと同じように。」

(2)「悪霊に取りつかれたガダラの人をいやす」(マタイによる福音書8章28節~32節)

イエスが向う岸のガダラ人の地方に着かれると、悪霊に取りつかれた者が二人、墓場から出てイエスのところにやって来た。二人は非常に凶暴で、だれもその辺りの道を通れないほどであった。突然、彼らは叫んだ。「神の子、かまわないでくれ。まだ、その時ではないのにここに来て、我々を苦しめるのか。」はるかかなたで多くの豚の群れがえさをあさっていた。そこで、悪霊どもはイエスに、「我々を追い出すのなら、あの豚の中にやってくれ」と願った。イエスが、「行け」と言われると、悪霊どもは二人から出て、豚の中に入った。すると、豚の群れはみな崖を下って湖になだれ込み、水の中で死んだ。

(3)「重い皮膚病を患っている人をいやす」(マタイによる福音書8章1節~4節)

イエスが山を下りられると、大勢の群衆が従った。すると、一人の重い皮膚病を患っている人がイエスに近寄り、ひれ伏して、「主よ、御心ならば、わたしを清くすることがおできになります」と言った。イエスが手を差し伸べてその人に触れ、「よろしい。清くなれ」と言われると、たちまち、重い皮膚病は清くなった。イエスはその人に言われた。「だれにも話さないように気をつけなさい。ただ、行って祭司に体を見せ、モーセが定めた供え物を献げて、人々に証明しなさい。」

（４）「幸い」（ルカによる福音書６章20節〜23節）

貧しい人々は、幸いである、神の国はあなたがたのものである。

今飢えている人々は、幸いである、あなたがたは満たされる。

今泣いている人々は、幸いである、あなたがたは笑うようになる。

人々に憎まれるとき、また、人の子のために追い出され、ののしられ、汚名を着せられるとき、あなたがたは幸いである。その日には、喜び踊りなさい。天には大きな報いがある。この人々の先祖も、預言者たちに同じことをしたのである。

（５）「イエスの服に触れる女」（マルコによる福音書５章25節〜34節）

さて、ここに十二年間も出血の止まらない女がいた。多くの医者にかかって、ひどく苦しめられ、全財産を使い果たしても何の役にも立たず、ますます悪くなるだけであった。イエスのことを聞いて、群衆の中に紛れ込み、後ろからイエスの服に触れた。「この方の服にでも触れればいやしていただける」と思ったからである。すると、すぐ出血が全く止まって病気がいやされたことを体に感じた。イエスは、自分の内から力が出て行ったことに気づいて、群衆の中で振り返り、「わたしの服に触れたのはだれか」と言われた。そこで、弟子たちは言った。「群衆があなたに押し迫っているのがお分かりでしょう。それなのに、『だれがわたしに触れたのか』とおっしゃるのですか。」しかし、イエスは、触れた者を見つけようと、辺りを見回しておられた。女は自分の身に起こったことを知って恐ろしくなり、震えながら進み出てひれ伏し、すべてをありのまま話した。イエスは言われた。「娘よ、あなたの信仰があなたを救った。安心して行きなさい。もうその病気にかからず、元気にくらしなさい。」

（6）「求めなさい」（ルカによる福音書11章5節～13節）

また、弟子たちに言われた。「あなたがたのうちのだれかに友達がいて、真夜中にその人のところへ行き、次のように言ったとしよう。『友よ、パンを三つ貸してください。旅行中の友達がわたしのところに立ち寄ったが、何も出すものがないのです。』すると、その人は家の中から答えるにちがいない。『面倒をかけないでください。もう戸は閉めたし、子供たちはわたしのそばで寝ています。起きてあなたに何かをあげるわけにはいきません。』しかし、言っておく。その人は、友達だからということでは起きて何か与えるようなことはなくても、しつように頼めば、起きて来て必要なものは何でも与えるであろう。そこで、わたしは言っておく。求めなさい。そうすれば、与えられる。探しなさい。そうすれば、見つかる。門をたたきなさい。そうすれば、開かれる。だれでも、求める者は受け、探す者は見つけ、門をたたく者には開かれる。あなたがたの中に、魚を欲しがる子供に、魚の代わりに蛇を与える父親がいるだろうか。また、卵を欲しがるのに、さそりを与える父親がいるだろうか。このように、あなたがたは悪い者でありながらも、自分の子供には良い物を与えることを知っている。まして天の父は求める者に聖霊を与えてくださる。」

6 「御聖堂の説明」「金持ちとラザロ」「しなければならないことをしただけ」

6−1　御聖堂の説明

（この日の教話はホールではなく御聖堂で行われました。）

十「平和を求める祈り」（254頁）

祭壇

今日はまず、少し御聖堂のことを説明したいと思います。これ（正面中央の台）は祭壇ですね。祭壇と言います。これには二つの意味があります。一つ目は（生贄を捧げる台である）「祭壇」、二つ目は食事（特に最後の晩餐）のためのテーブル、つまり「食卓」の意味があります。昔は祭壇の上で生贄が捧げられていました。その意味で、私たちの生贄はイエス・キリスト自身です。長い説明にならないように簡単に言いますが、イエス・キリストがパン（ご聖体）となってそれが生贄になっています。もう動物の生贄を捧げてはいけないとキリストが言った。自分が十字架にかけられて死んで、最終的な永遠の生贄になります。信者は昔からそれを食べるんですね。その生贄を神の民は食べていたんです。今私たち信者もミサの時にそのパンを食べます。ですから、「祭壇」であると同時に「食卓」ですね。食べる。やっぱりここで宴会で食べる、その意味があります。

聖櫃

ここには、聖櫃（せいひつ）があります。このランプが付いている時には、中にご聖体が入っているという意味です。入っていない時にはランプが消えています。そして、昔のカタコンベ時代からの習慣ですが（注：ローマ時代、３１３年にコンスタンティヌス帝に公認されるまではキリスト教は迫害されていた。迫害を恐れた信徒たちはカタコンベと呼ばれる墓所として利用されていた地下空間で集会を開いていた）、ミサをたてます。そしてパンを食べる。ご聖体を食べるんですけれども、ご聖体が余るときもある。それは聖櫃に入れておきます。ストックしておきます。

それは、一石二鳥です。一つは、ここに入っていますので、ご聖体訪問ができる。訪問、ここに来て祈る。キリストは時別な意味でここに存在していますので、祈るために、ご聖体訪問のために置いておきます。もう一つの意味は、病人のため。急に誰かが病気になることがあります。その時、その方にご聖体を持って行きたいんですけれども、もう一度ミサをたてる時間が無いし、人がいない。そういう時のためにもストックしている。誰かが持って行く。そのために聖櫃があります。

十字架

十字架は分かりますね。十字架は。これ（祭壇近くの十字架）とこれ（正面壁面の十字架）が同じ材料、同じデザイン（両方とも磔刑のイエス様のご像）ですね。つまりここが神の言葉です。神の言葉が祭壇から出て来る。ミサと一緒になっているので、空間的には離れていても一緒だということを表すにはだいたい似たような形、似たような材料で作られているのが伝統的です。

祭服

ミサの時には祭服もあります。ミサの時に司祭が着用する服を祭服といいます。その祭服にはいろいろな色があります。その色には意味がある。それは「横綱だった」という地位を示す意味ではなくて（笑）、季節によって替える。

例えば、クリスマスやご復活は明るい日ですので、白、白にする。カトリックでは年間を通して「暦」があるのですが、ミサをあげている日が誰か殉教者の祝日の時には血の色ですね、それは赤。あるいは聖霊に関係する日の場合には、聖霊は光ですから、それは赤。マリア様に関する祝日は複数ありますが、それらの日はいつも白。マリア様の祝日はいつも白。紫はご葬儀とか、あるいは四旬節。四旬節というのはご復活前の四十日間。それはキリストと共に苦しんでキリストと共に復活するための準備の期間で、紫。そしてクリスマスの前にも四十日間の待降節という期間があります。救い主が来られるのを待っていますので、やはりそれも紫。あとは緑という色がある。緑というのは、普通の時。特別に何も無い時には緑。このように祭服の色には意味があります。

祈り― gratia を祈ってください

そして祈り。祈りについていつか長く話したけれども、たくさん祈ってください。そして子どもたちに教えてください。祈る。自分のためにも祈る、当然。自分の家族のためにも祈ってください。他人のためにも、平和のためにも祈ります。みんなの健康、今悩んでいる人たち、失業者でお金が無い人たち、アフリカで食べ物も無い……その人たちのことを考えて祈りなさい。みんなのためにも。自分のためにも。

そして、恵みを祈りなさい。「恵み」というのは専門用語で言うと gratia（ラテン語）。gratia というのは恵み。英語で言うと "grace"。ララ～ララララ～ラララ～ラ～ラ～（Amazing Grace の歌のメロディー）。Amazing Grace という歌がありますね、その grace です。それを願います。

その gratia というのは「心の元気」ですね。簡単に言うと「心の元気」です。ですから、「神様に愛されている、人間に愛されている、そして自分が感謝して人をも神をも愛したい。そして、神様の身近な温かさに包まれている」ということを感じさせてくださる恵み。「私が神の内におり、神が私の内におられる」ということを感じさせてくださる恵みです、gratia、grace。それを願いなさい、とイエス様が言う。

例えばあなたの知り合いが病気だとしますね、重大な病気。その時はあなたはその人の健康のために是非祈ってください。奇跡があるかどうかは別にして、その奇跡を願って、その人の快復を祈ってください、真剣に。それと同時にgrace、gratiaを一緒に願ってください。というのは、この人が仮に健康の面で快復しなかったとしても、心の元気を、病気でも自分なりに喜んで強く生きることができるための「心の元気」を願ってください。……ということを、みんなのために祈ってください。

6-2 「金持ちとラザロ」のたとえ話

では今日は、これについて考えてみたいと思います。まず誰かに読んでいただきますが、ルカの16章19節から22節まで。はい、よろしいですか？　あ、ちょっとまだ見つからない人がいますね？　福音のところに、マタイ、マルコ、ルカ、ヨハネという順番で載っています。では、お願いします。

金持ちとラザロ（ルカによる福音書16章19節〜22節）

ある金持ちがいた。いつも紫の衣や柔らかい麻布を着て、毎日ぜいたくに遊び暮らしていた。この金持ちの門前に、ラザロというできものだらけの貧しい人が横たわり、その食卓から落ちる物で腹を満たしたいものだと思っていた。犬もやって来ては、そのできものをなめた。やがて、この貧しい人は死んで、天使たちによって宴席にいるアブラハムのすぐそばに連れていかれた。金持ちも死んで葬られた。

「悪い意味の」金持ちを描いているたとえ話

ありがとうございます。このたとえ話は、悪い意味の金持ちを描いています。悪い意味の金持ち。典型的な意味での金持ち。つまり、一見では、「金持ちが金持ちだから救われない。貧乏が貧乏だから救われる」というふうに誤解されて解釈する危険性があります。そうではないのです。金持ちが金持ちだから救われない、ということではない。立派な金持ちはいっぱいいますよ。ただ、この人は悪い金持ちです。だから、悪いから、救われない、と言っています。救われるかどうか、救われるとはどういう意味かということは別にしておきましょう。ただ、天国に行かない、ということだけではなくて、この世の中でも救われない、本当の幸せを感じない。この人はどういうことを表しているのかということを、反省しながら考えましょう。

自分のために必要以上に使い過ぎて、分かち合いをしない

この人は自分のためにお金を使い過ぎている。毎晩立派なものを食べて、立派な服を着て宴会をしていました。それは必要以上です。いくらお金があっても、そういうふうに自分のために使い過ぎるのは良くありません。これも反省しながら、私たちは必要以上に使い過ぎていないかどうか、ということを考えましょう。

そしてまた、この人は分かち合いをしない。自分のためだけ。そのラザロというおじいさんがそこにいて、食べ物が無いのに、彼に何もしてあげない。これは一番いけないね……。自分のために必要以上に使っていても、他人のことを考えない。

他人を見下す

そして他人を見下すんですね。結局このラザロを見下していたんです。だって、無視しているんですよ。ラザロは毎日物乞いをしていたはずですよ、でも全然無視。ところがこの金持ちは、人を誘っていたでしょう？　宴会をするということは人を誘っていた、自分の家に。誰を誘っていたかというとやっぱり金持ちを誘っていた。利害関係があれば誘ったら誘われるでしょう。でもこのおじいさんは恩を返す力が無いので無視された。無視。私たちにもこの危険性がありますね。私たちが人の価値を決めるのは、この「お金」と「肩書き」。お金と肩書きのある人はいい人で、無い人は無視、という傾向がありますけれども、それはよくないことです。

貧しいから救われるということではない

一方、このラザロという貧乏な人は、貧乏だから、貧しいから救われるということではないんですね。そうとは限らない。貧しくてもあまり良くない人、あまりいいことをしていない人もいますね。貧しいからといっていい人だとは限らない。ただこの人は、綺麗な心の貧しい人だった。綺麗な心の貧しい人だった。だからイエス様が言うんですね。「心の貧しい人は幸いである」(1)。その「心の貧しい」ということは何かと言いますと、一つの説は、私の説ですけれども、「綺麗な心の貧しい人は幸いである。」汚れている人の貧しさでは、良くならない。綺麗な心の貧しい人は幸いである。この人(ラザロ)は幸いです。

ラザロのできものをなめていた犬

そして、ちなみに、犬。犬たち(複数)ですね。日本語では犬というと犬たち。野良犬だったでしょう。このたとえ話のラザロは死んでから天国でアブラハムのそばにいる。救われている。私は、そのラザロのそばに、天国にこの犬たちもいたはずだと思っています。だって、舐めていたでしょう? 癒していたでしょう? イエス様が言ったでしょう? 「あの飢えている人に食べさせてくれた、飲ませてくれた、見舞ってくれた」(2)。この犬たちは見舞いに行ってくれるだけではなくて、舐めて癒してくれているので、絶対天国に行くと思いますよ。

人間に理性と自由が与えられたのは動物を利用するためではない

私たちは動物のことをもうちょっと大切にした方がいいと思います。人間は威張っているのではないですか？　私たちには理性と自由があるので、すべての自然は私たちのものだと思い込んでいる時もありますね？　そうではない。私たちは確かに動物より理性と自由があるので、いろいろなところでは発展していますけれども、他のところではそうでもない。発展しているけれども、それは威張るためではなくて、動物を利用するためではなくて、お姉さんとお兄さんのように自然を立てるために、私たちには理性と自由が与えられているんですよ。

上に立っている人たちが力を与えられたのは下の人たちを利用するためではない

イエス・キリストが言ったでしょう？　最後の晩餐の時に。他人の、弟子たちの足を洗ったでしょう(3)？「私はあなたがたより上です。知識があるし、先生ですし、メシアです。あなたがたより上です。けれども、それにもかかわらずあなたの、あなたがたの足を洗う。あなたがたもお互いにこうしなさい」と。

上に立っている人には力がある。何のためにその力が与えられたかというと、威張って下の人たちを利用して、自分の立場を肯定するためではありません。その力が与えられた目的は、あなたがその人たちを立てるため、高めるためです。そのために力が与えられているのです。

忘れないで。世間はそうしないですね。上に立っている人は自分の力をますますお金を得るために使って、下に残されている人たちのことはあまり気にしたり大切にしたりしないです。でも、あなたがたは違う。力のある人は力の無い人を助けるためにいる。

動物はその点では力が無いでしょう？　筋肉はあるでしょうけれども、頭は私たちよりそれほどでもない。だから、立てるためにやる。ちょっと脱線だったけれども。とにかくこういうふうになってください。

「箴言」に書かれている三つの願い

関連ですけれども、「箴言」という旧約聖書の本があります。箴言は、ことざみたいな編集で、その中に一つの綺麗なところがある。そこには「主よ、私が貧しくならないように」という願いの言葉が書いてあります(4)。これは祈りです。三つのことを祈る。

1：貧しくならないようにしてください

「貧しくならないように」。貧しさは大変。貧しさは大変。しかも、貧しければ盗む誘惑を感じるでしょう。そして、貧しい時には人間を憎むかもしれない。神様をも憎むかもしれない。ですから「私が貧しくならないように」とお願いします。

2：金持ちにならないようにしてください

ところが同時に、「私が金持ちにならないようにしてください」とも願っています。必要以上に金持ちになったら、威張るかもしれません。人を見下すかもしれません。そして、自分の財産に頼って神様を必要としないかもしれない。神様から離れるかもしれない。ですから、金持ちにならないようにしてください。

3：必要なパンを味わわせてください

三番目の願い。「必要なパンを味わわせてください。」これは綺麗。必要なパンを味わわせてください。パンというのは糧ですね。向こう（聖書の舞台の地）ではパンです。パンというのは、「必要なことだけ」という意味。ですから、必要な収入、必要な仕事、必要な家―狭くていい、でもいい家―。そして食べ物。そして子どもたちの教育のための予算、健康管理のためのお金、そして、まあ、少しくらい遊ぶための小遣い、これも必要です。必要なことはパンですね。必要以上のものはいらない。贅沢はいらない。贅沢になればキリが無い。もっと欲しい、もっと欲しい、もっと欲しい……いや、必要な物だけお願い。

そして、「ください」だけではなくて、「味わわせてください」（新共同訳では、「養ってください」）と書いてある。これが私の気に入っている言葉です。「味わわせてください。」つまり、この素晴らしい刺身を食べる予算は無いけれども、まあ、サバくらいは食べられるんですね！　場合によってはサンマ、今年は高いらしいけれども（笑）。サンマくらい……それで、しかもそれを「味わわせてください。」ですから、自分の持っているテレビはそれほど大きくないけれども、隣の人のテレビの方がもっと大きいけれども、「いいよ、これで十分見えるから。」それで満足できるように、「綺麗な心をください。」「必要なパンを味わわせてください。」

食欲が美味しさを味わわせる

そして、食欲が食べ物の美味しさを味わわせるでしょう？　食欲が食べ物の美味しさを味わわせる。昔、ある学生たちと夜、食事をした時のこと。彼らと一緒にオリエンテーションキャンプに行った。食事が出るんです。たいしたことがない食事よ。安かったので、味はまずまず。後で聞いてみました「美味しかった？」「美味しかったぁ！」……食欲がある時には美味しい。食欲が無い時には松坂牛のステーキが出ても「え～（不満声）」と言うんです。食欲が食べ物の美味しさを味わわせる。

生きる食欲が人生の美味しさを味わわせる

ですから、生きる食欲が人生の美味しさを味わわせる。生きる食欲が人生の美味しさを味わわせる。その食欲を願っているんです。熱意。やる気。生きる熱意。生きる食欲。それがあれば、日常生活の、人生の、ささやかな喜びを味わって「嬉しい」と言えるでしょう。人生のささやかな喜びを味わって「嬉しい」と言える人は、綺麗な心の持ち主です。しかも、ささやかな喜びを味わって「嬉しい」と言えば、その日は前の日とは違う。

私たちの毎日は同じ繰り返しです。昨日と今日はだいたい同じ。同じ同じ同じ……。残らない、印象に残らない。流れます。

時計の動きを引きとめるには、「嬉しい」と感じてみてください。「あぁ嬉しい。」「今日やっとその人から電話が来ましたね、嬉しい。」「仲良くなって嬉しい。」「あぁ今日のお茶は美味しかった。嬉しい。」その「嬉しい」と言うと、その日は特別になる。そうしないと、全部同じ灰色の世界に入り込む。

はい、おもにこれを言いたかったので、ここまでです。もう一度読んでいただきましょう。ルカの16章19節から22節まで。はい、お願いします。

「金持ちとラザロ」（ルカによる福音書16章19節～22節）

ありがとうございました。少し考えましょう。（黙想）

6－3 「しなければならないことをしただけ」

もう一つ読みましょう。話題は変わりますけれども、ルカ17章7節から10節まで。はい、お願いします。

ルカによる福音書17章7節～10節

あなたがたのうちだれかに、畑を耕すか羊を飼うかする僕（しもべ）がいる場合、その僕が畑から帰って来たとき、「すぐ来て食事の席に着きなさい」と言う者がいるだろうか。むしろ、「夕食の用意をしてくれ。腰に帯を締め、わたしが食事を済ますまで給仕してくれ。おまえはその後で食事をしなさい」と言うのではなかろうか。命じられたことを果たしたからといって、主人は僕に感謝するだろうか。あなたがたも同じことだ。自分に命じられたことをみな果たしたら、「わたしどもは取るに足りない僕です。しなければならないことをしただけです」と言いなさい。

愛されることは権利ではなく贈り物

ありがとうございます。ちょっと、これも難しい。これを読みますと抵抗を感じますね？　ここでイエス・キリストが私たちに言いたいのは、「愛されることは自分の権利ではありません。いただく贈り物です。」「愛されることは自分の権利ではありません。相手からいただく贈り物です」ということ。これは、私たち人間同士でいくら言っても難しいですね。

私たちはだいたい、愛されることは自分の権利だと思っていますね。奥様として自分の旦那様に愛されるのは自分の権利だと思っていらっしゃるでしょう。子どもたちから愛されるのは自分の権利だと。「だって、これほど子どものために尽くしてきたのですから、当然。愛されるのは当然ですよ！」と。私の魅力と、努力と価値で獲得した権利だと思っていて、その権利を守ってもらえないと怒る。いらいらする……それは間違い。愛されることは自分の権利ではないんです。魅力と努力と価値で獲得した権利ではなくて、相手が自由にくださる贈り物。そういうふうに、その贈り物を謙遜に、感謝しながらいただければ、お互いにそうしたら、家族が明るくなります。この世の中が明るくなります。

たとえ話は「どこにフォーカスがあるのか」「誰に向かって話しているのか」を知らないと理解できない

不思議にイエス様は、このたとえ話で「愛されるのは権利ではなく贈り物」を表そうとしている。「不思議に」と言うのは、ちょっと見ればこの主人は「待ってください。waiter をしてくれ。まだ僕が食べるから。おまえの食事は後にしろ。でも感謝しない。」昔の中学生の言葉で言えば、「超感じ悪いね、この人は。」本当に超感じ悪い。なんでそんなに威張っているの？　冷たいですね。それなのに、どうしてイエス様はこの人を誉めるんですか？　イエス様らしくない。先ほど言ったように、最後の晩餐の時に弟子たちの足を洗ったんじゃないんですか？彼らの下に降りて。どうしてイエス様はこの嫌な感じの主人を誉めるのですか？はい。これはね、たとえ話の一つの弱点。たくさんのたとえ話には、どこか抵抗を感じるところが残っています。何故かと言いますと、イエス様のたとえ話は、どこにフォーカスを合わせているのか、誰に向かってこの話をしているのかを知らないと、理解できないのです。

このたとえ話の場合：誰に話しているのか↓ファリサイ派の人々。
話のフォーカス↓僕（しもべ）

イエス様が誰に話しているかというと、ユダヤ人たち、特にファリサイ派の人たち。自分たちは律法をことごとく守るので救われる権利があると思い込んでいた人たちに向かってこれを言うんです。「あなたがたはしなければならないことをしただけですよ。威張ること無いよ。律法を守ったからといって救われる権利は無い。あなたはすべきことをしただけですよ。あとは神様があなたを救ってくださる、それを贈り物として謙遜に感謝しながら受け入れなさい」と。でも、この人たちの考え方は違う。「私たちはこれを守っているから救われる権利がある。」ですからこのたとえ話は彼らに向かって言っています。そして主人公、フォーカスが合わせられているのは僕、僕ですね。

たとえ話の読み方の例―「ぶどう園の労働者」のたとえ話（5）

もう一つの例を申し上げます、比較として。このたとえ話もあります。また分かり難い。私たちの感覚には合わない。

ある人はブドウ園の持ち主で、労働者を日雇いに行くんです。日雇い労働者。朝の5時に行って、「あなた方、一日1万円でいいですか？　働きに行く？」「はい。」「じゃあ行きなさい。」それから9時にまた行って、他の人たちに聞いて「行きなさい。」11時にも行って「働く？」「はい。」「1万円。」「はい。行きます。」3時、5時にも行く。夕方6時になるともうお終い。雇い主は「この労働者たちに賃金を払いなさい」と管理人に言います。でも、「一番最後に来た人たちから始めなさい」とも言うのです。一番最後に来た人たちは1時間しか働いていません。しかも、もう暑くない時に働き始めた。それでも1万円支払われた。それを見た、朝の5時から来ていた人たちは、「それなら私たちは、10万円くらい貰えるだろう！」と期待した。「多く貰って当然だよ、一日中働いていたのだから。」ところが、彼らが受け取りに来ると、支払われたのは同じ1万円。「これは酷いよ！」と皆怒った。このようなことがあったら私たちも怒りますね。本当、今の会社でこんなことがあったら組合が黙っていないですよ、これは。「これは酷いよ。どう見てもこれは酷いよ。」

イエス様は何のためにこの話をなさったのか？　その主人を誉めているということよりも他にフォーカスがあったのか？　誰に話していたか？　何を言いたかったのか？

ファリサイ派や律法学者は、朝5時に来た労働者

ユダヤ人たちは、ファリサイ派と律法学者たちは、昔から来ている。朝の5時から来ているんですよ。アブラハム、モーセ……一番有名な人たちはみんなユダヤ人。ヤーウェ、つまり神様がユダヤを通っていらしたので、「私たちは一番。だから権利がある。異邦人たちは、外国人たちは後から来た、午後5時に。その人たちとは一緒にしないでください。私たちは最初に来たから権利がある」と思っていた。そう言う人たちに「違います」とイエス様はおっしゃりたかった。「会社だったらそうかもしれませんが、神の国はそうではない。後から来る人たちが同じものを貰うかもしれません。あなたがたは『貰っている』ことで、感謝

していただきなさい。後から来るあの人々を軽蔑しないでいただきなさい。」そういうことを説明するために、このたとえ話があります。

ですから、たとえ話をご自分一人で読む時には、ポイントはどこにあるのですか、キリストは何を言いたいのですかということを考えてください。

もう一つの例―「マルタとマリア」(6)

もう一つの例、お馴染みのマルタとマリアの話。これはたとえ話ではなくて、実際の行いだった。

イエス様がマルタとマリアの家に来た。マリアはイエス様の足元に座ってイエス様のお話に聞き入っていた、他の弟子たちと一緒に。一方、マルタ、マリアのお姉さんはですね、おもてなしで忙しくて、せかせかしてあっちへ行ったりこっちに来たり。働き過ぎて、イエス様のところに行って、「先生、私の妹は何も手伝ってくれません。私一人でやっているんですよ。何か妹に言ってくださいよ。注意してください」と言った。そうしたらイエス様は、逆にお姉さんのマルタに注意する。「マルタ、マルタ、一番大切な事を忘れていますよ。本当に必要なことは一つで、マリアはそれを選んだのですよ。」

これを読むと、おもに女性たちは、怒るんです（笑）。「なんで、仕事をしていない人が誉められるんですか？」と。

仕える時には心を込めて感謝しながら喜んで

でも、ここでのポイントは何かと言うと、「いいことをする時には、心を込めて、感謝しながら、喜んで仕える時には、ブーブー文句を言いながらするんじゃなくて、心を込めて、感謝しながら、喜んで、喜んで仕えなさい。」それを教えたいのです。心を込めて、感謝しながら、喜んで、「させていただいております」という気持ちでしなさい。いい行いだけではなくて、心を込めてしなさい。

マルタにはその心が入っていない。文句を言ったということで分かる。文句を言ったので喜んでいない。喜んでいない理由は、愛が足りない。愛があったならば、やっぱり仕えられるよりも仕える方が幸せであると、自然に分かったはずです。

これは皆さんの仕事、皆さんの存在にすごく当てはまることですので、もう一度。仕えられるよりも仕える方が幸せである。お母さんとしてはこれをよく心に入れておいてください。もちろん、仕えられるのも好きですよ（笑）。でも結局は仕える方が幸せである、愛があればね。愛が無ければ全然したくないね。愛がある時にはこれが分かるんです。いただくよりも差し上げる方が幸せである。いただくよりも差し上げる方が幸せである。愛がある。あなたが赤ちゃんを抱いた時に、それが自然に分かるんですね。この子どもに自分の全部を差し上げているんです。痛みと時間と睡眠とお金…全部与えている。喜んで与えているんです。愛しているから。

祈らないと、あなたの仕事は機械的になる

マルタとマリアに戻ります。マルタにはこれが欠けている。そして、マリアを誉めるんですけれども、何故誉めるかと言うと、祈りが仕事より価値が高いということを言いたいのではない。比較しません。マリアの態度とマルタの態度はどっちが上、ということではない。問題はこれです。心を込めて喜んで感謝しながらできるには、マリアのようにしなければならない。マリアは祈っているんで

すね。

祈らないと、あなたの仕事は機械的になる。祈ると神の愛があなたの心に入って、愛を込めて感謝しながらできるんです。そうしないと、仕事はするけれどもブーブー言いながら「なんで私が＃＄％＆……」

もっと綺麗な気持ちでするには、神に近寄りなさい。イエス・キリスト御自身の言葉で言えば「私はぶどうの木であり、あなたがたは枝である。」[7] 枝がぶどうの木につながっていれば、ぶどうの木から流れてくる液体で生かされる。キリストというぶどうの木から流れてくる愛と命によって、枝が生かされるのです。それで実を結ぶ。つながっていなければ結ばないんですね。ですから、祈る時には、枝である自分がぶどうの木であるキリストにつながることになる。それで、キリストの、神の愛に満たされて、私たちの日常生活の仕事に入り込む。

「しなければいけないことをしただけです」

マザー・テレサたちがすごい仕事をしているでしょう？　朝から晩まで厳し

い仕事を汚い所でしているけれども、祈りの時間を必ず設けますね。そうしないと、電池の充電ができなくなる。祈ると電池が充電できる。

電気は愛ですね。電池がだんだん弱くなるので、もう一度充電しなければ。Ｓｕｉｃａのチャージですね！　Ｓｕｉｃａのチャージをしないと電車に乗れない。チャージは祈りです。ですから、しなければならないことをしただけです。威張ることではない。

ちょっと脱線しましたけれども、たとえ話を読む時には、どこにフォーカスを合わせるのか、そして何をしようとしているのか、それをつかまないと、つかめないと分かり難い。

この最初のたとえ話に戻りますが、「しなければならないことをしただけです」。これを私たちも考えればいいと思います。

カミュ『ペスト』

アルベール・カミュの『ペスト』という小説があります。ペストという伝染病の話。アルベール・カミュ、あのノーベル賞のカミュが書いた。そこではね、伝染病に罹っている人々が次々に死ぬ。だから、ある純粋な人たちが十人ぐらいのグループで、チームを作って人を助けようと行動する。街で転んでいる人、寝転んでいる人を拾って病院に連れて行って注射して介護して……。彼らはそんなことをしているうちに自分にうつるということを覚悟していたんですね。そうなるんじゃないんですか？　そうであるにもかかわらず、助けます。だから普通の人は感動して「この人たちは英雄。英雄で、素晴らしい！」と言っていたんですね。

しかし彼らはとても純粋な人だったので、「私たちはちっとも英雄ではありません。ちっとも偉くない。私たちはしなければならないことをしているだけです。当り前のことをしているんです。これを当たり前だと思ってくれないと困ります。普通の人がしなくてもいいことを私たちが特別にしていると思うのだったら、結局、人は救われないんですよ。困っている人は治らないんです。私たちがしていることは皆がすべきことですよ、あなたも、あなたも、あなたも。私たちだけではないんです。私たちが助けることはちっとも偉くない。普通の人間がすべきことです。そうしないと結局は困っている人たちはいつまでも助からない。」(8)こういうことを言った。いいですね。「別に偉くないよ。」

例えば介護

例えばあなたがたにもいろいろあるでしょう？　皆さんのもうちょっと上の年齢の方は、お母さんとお父さんと旦那様のお父さんとお母さんとを世話しなければならない人が多いですね。実は、女性がしなければならないことではないけれども、事実、実際問題としてそうなっているんですね。結局あなたはそうなるでしょう。そこで、本当に偉いと思うけど、あなたはこう言った「ちっとも偉くない。しなければならないことをしているだけです。当り前。」このことが当たり前になったら世の中は救われると思います。でも、このような事をする人は偉い、素晴らしいと言われると、やっぱり他の人たちはしなくて済むので、しなければならないことをしただけです。

その期待は目的にしないで。条件にしないで。

ところが、現実的に考えてみますと、私たちはいいことをする時には、ちょっと褒美を期待しているでしょう。いいことをすると感謝されるでしょう。ちょっと誉められるでしょう。少なくとも分かってくれるでしょうということを期待しています。その期待はいけないのですか?

私はいけないことではないと思います。全然期待していない人は人間じゃないと思います。皆がする。でも、その期待を目的にしないでください。条件にしないでください。それでその期待が清められると思います。目的にしない。誉められるためにしていない。そして条件にもしない。

例えば電車で席を譲るとしますね、あるおばあさんに。おばあさんが喜んで座ります。あなたはそのおばあさんが電車を降りる時に、あなたにちょっと「ありがとう」と言ってくれるだろうと、あるいは微笑んでくれるでしょうと、あるいはちょっとお辞儀をしてくれるだろうと期待しているでしょう。でも、全然してくれない時もあるんですね。さっと帰る。そういう時は実を言うと自分はショックを受けるんです、少し。少しがっかりですね(笑)。

でも、お礼を目的にしてなかったので、それでいい。彼女が喜んで座っていたのでそれでいい。そして条件にもしていない。ですから、「感謝されなかったのでもう二度としないよ、こんなこと。誰かが座りたがっていてももう知らない」そんな駄々っ子のようなことはしないですね。また似たような状況に置かれたら、同じような事をするでしょう。ですから、条件にも目的にもしないけれども、少し期待する。

情けは他人のためならず

日本語には「情けは他人のためならず」「情けは他人のためならず」という言葉がありますね。今の学生たちはその意味を時々誤解してたみたい、私がこの言葉を取り扱った時には。これから言う当然な説明を言ったら、後で男子学生が「先生、その説明は違いますよ。このことわざの意味は、『あなたがいいことをすることは必ずしもその人のために役立つかどうか分からない』という意味です」と言ってきた。だから、「いや、違う」と私。「専門家に確かめました」と。このことわざの意味は「いいことをすればその人のためになる。そして、その人のためだけではなくあなたのためにもなるんですね。はね返ってくる」という意味。あの学生は知らなかった（笑）。まあ、とにかく、その意味。ですから、あなたがいいことをすれば必ず返ってくる。

バラをさしあげる手にはバラの香りが残る

あるいは、いつか言った言葉で言うと、「バラをさしあげる手にはバラの香りが残る」。「バラをさしあげる手にはバラの香りが残る」。これがその褒美ですね。ですから、あなたがバラをさしあげてもお金は戻ってこない、あなたの手のひらにお金は戻ってこない。他のもっと綺麗な花も戻らない。何も戻らない。ただ、あなたがさしあげたバラの香りは、あなたの手に残った、と。この抽象的な言葉が言いたいのは、褒美を目的にしないということ。目的にしないけれども、あげれば、残る。何が残る？

あなたの報い：人が助かる

何が残るか、どういう褒美を感じるかと言うと、一つは、人が助かる、ということです。これはやっぱり心に入れないと。自分のお子さんたちにもこれを行いで感じさせて下さい。その人の喜び、その人の笑顔、あるいは笑顔も見せてくれない時があるけれども、実際問題としてあのおばあさんは座って良かったと思っているんですよ、疲れていたので。それが、あなたの報い。一番の報い。この考え方がなかなか無いんです、私たちには。

あなたの報い：自信―悪い自己嫌悪を少し超える

もう一つの報いは、自信。あなたに自信がつくんです。私たちは多かれ少なかれ自己嫌悪に陥っている時がありますね。自己嫌悪。

その自己嫌悪には二つの種類があると思います。一つは良い自己嫌悪があります。すなわち、自分の理想、現実的な理想は80点だとしますね。今私の現状は55点だけ。その80と55、その差を見て自己嫌悪を感じる、それは良い自己嫌悪だと思います。できるはずなのにやってないという向上心の刺激になる自己嫌悪はいい。それは子どもたちにもあります。若い、皆さんのお子さんたちね。「80までできるはずですよ、でも55だけ。これでたまるか」と。「負けてたまるか」という気持ちになる自己嫌悪、伸びようという気持ちを起こす自己嫌悪はいいです。

ところが、他の悪い自己嫌悪もあります。それは自分を引き落とす、沈める自己嫌悪。「私はこんなにつまらない人間だから、この程度ですね。55点という程度ですね。だってつまらない人間だもん。何にもできない、弱いもん。」

この考えは避けた方がいい。自分に向かってそれを言うと覚えちゃう。無意識的に覚えちゃう。そして貧弱な人間になるんです。そうじゃなくて、「いい人である私なのにどうして55点しか無いんですか」と。「80点までできるはずなのに、どうして」という気持ちを起こした方がいい。「どうせ私は悪いから55点はまぁ仕方が無い。」それは妥協ですね。

では、もとに戻ります。良いことをすれば、少し自信がつく。悪い自己嫌悪を少し超える。「私には良いところもありますね」その自信が必要です。生きる自信。喜んで生きる自信。良いことをすれば、自分ではあまり言わないけれど、「良かった。私すごくいい人。」それは大げさじゃなく少し、少し「やったぜセニョール、やったぜセニョリータ！」ということを感じてください、少し。ですから自信がつくということも報いです。

あなたの報い：神様が喜ぶ

三番目の報いは、神様が喜ぶ。二つの理由で喜ぶ。

一つは、その人が助かったから。そのおばあさんが助かったので喜ぶ。つまり、「困っている人の為にあなたがしてくれたことは、つまり私のためにしてくれたことになる」とイエス様は言ったんですね。ですから、あなたがそのおばあさんにしてさしあげたことを、イエス様は自分のためにしてくれたと喜んで受け入れてくださる。だから神様が喜ぶ。その人が喜ぶ、助かるから。

もう一つは、神様があなたのことで喜ぶんです。あなたが良いことをしたら、心の深いところで喜びが感じられます。……実を言うと、感じない時が多い、正直言って。

例えば先ほどの例で、旦那様のお母様の世話をしています。ほとんど毎日、ほとんど一日中ですよ。でも、お母様とはあまり仲良くないです。感謝してくれないどころか、いじめられるんですよ。その時には、あなたはいいことをしているけれども喜びを感じますか？　あまり感じないんですね。感じるのは、疲れと悔しさ。喜びはあまり感じない。

感じない？　感じますよ。感じないと思っているけれども、より深いところには、「静かなり、限りなく静かなり」という気持ちがありますよ。それはいつか分かる。何となく分かるでしょう。疲れと悔しさの、より深いところに本当の心の平安、本当の心の喜びが、—感じないかもしれませんが—あります。ありまず。それが報い。その喜びがある。

心の雰囲気

最後に言いたいけれども、この三つの報いは、正直言ってピンとこないでしょう。だって、「人が助かる？　それは他人の問題で関係無いじゃない。他人の笑顔？　どうでもいいよ、それは。えーそして、神様が喜ぶ？　喜べばいいよ、あたしゃ関係無い。そして、自信が？　自信は他のこと。関係無い」というふうにあまりピンとこないんです。だから私たちはあまりいいことをしない、普通。でも、ピンとこないけれども、すごく大切な報いですよ。

心の雰囲気が望ましければ、ピンとくる。この報いは本物ですからピンとくる。でも時々私たちの心は望ましくない雰囲気を抱いているんですね。

例えば、バッハ作曲のブランデンブルグ協奏曲の第三番、タッタッタッタラララタッタッタ♪（メロディー）素晴らしい。雰囲気のいい所で聴けば素晴らしい。ホールとか自分の部屋とか、山とか。ところが、相応しくない雰囲気で聴いたら良くない。学生がよく行く安い居酒屋でそれを聴くと全然面白くない。さんま一丁！　ビール一本！　飲んで！　飲んで！　さあ○○君！　タッタッタッタラララ♪　いくらバッハが頑張ってもやはり面白くない。雰囲気が悪い。

心の雰囲気がよろしければ、この音楽、ブランデンブルグのコンチェルトの報いはピンとくる。そして原動力になる。心を綺麗にしなければ、ピンとこない。

時間になりました。長過ぎた。お疲れ様でした。ありがとうございました。来週もありますね？　ありがとうございました。では、主の祈りを唱えましょう。日用の糧を願いながら、皆のために日用のパンを願いながら。

十「主の祈り」（255頁）

お疲れ様でした。ありがとうございました。また来週どうぞ。

（平成22年10月7日）

（1）「山上の説教」（マタイによる福音書5章1節〜12節）（ルカによる福音書6章20節〜23節）

イエスはこの群衆を見て、山に登られた。腰を下ろされると、弟子たちが近くに寄って来た。そこで、イエスは口を開き、教えられた。

「心の貧しい人々は、幸いである、
　天の国はその人たちのものである。
悲しむ人々は、幸いである、
　その人たちは慰められる。
柔和な人々は、幸いである、
　その人たちは地を受け継ぐ。

義に飢え渇く人々は、幸いである、
　その人たちは満たされる。
憐み深い人々は、幸いである、
　その人たちは憐みを受ける。
心の清い人々は、幸いである、
　その人たちは神を見る。
平和を実現する人々は、幸いである、
　その人たちは神の子と呼ばれる。
義のために迫害される人々は、幸いである、
　天の国はその人たちのものである。
わたしのためにののしられ、迫害され、身に覚えのないことであらゆる悪口をあびせられるとき、あなたがたは幸いである。喜びなさい。大いに喜びなさい。天には大きな報いがある。あなたがたより前の預言者たちも、同じように迫害されたのである。」

（２）「すべての民族を裁く」（マタイによる福音書25章31節〜40節）

「人の子は、栄光に輝いて天使たちを皆従えて来るとき、その栄光の座に着く。そして、すべての国の民がその前に集められると、羊飼いが羊と山羊を分けるように、彼らをより分け、羊を右に、山羊を左に置く。そこで、王は右側にいる人たちに言う。『さあ、わたしの父に祝福された人たち、天地創造の時からお前たちのために用意されている国を受け継ぎなさい。お前たちは、わたしが飢えていたときに食べさせ、のどが渇いていたときに飲ませ、旅をしていたときに宿を貸し、裸のときに着せ、病気のときに見舞い、牢にいたときに訪ねてくれたからだ。』すると、正しい人たちが王に答える。『主よ、いつわたしたちは、飢えておられるのを見て食べ物を差し上げ、のどが渇いているのを見て飲み物を差し上げたでしょうか。いつ、旅をしておられるのを見てお宿を貸し、裸でおられるのを見てお着せしたでしょうか。いつ、病気をなさったり、牢におられたりするのを見て、お訪ねしたでしょうか。』そこで、王は答える。『はっきり言っておく。わたしの兄弟であるこの最も小さい者の一人にしたのは、わたしにしてくれたことなのである。』」

（3）「弟子たちの足を洗う」（ヨハネによる福音書13章1節～5節、12節～15節）

さて、過越祭の前のことである。イエスは、この世から父のもとへ移る御自身の時が来たことを悟り、世にいる弟子たちを愛して、この上なく愛し抜かれた。夕食のときであった。既に悪魔は、イスカリオテのシモンの子ユダに、イエスを裏切る考えを抱かせていた。イエスは、父がすべてを御自身の手にゆだねられたこと、また御自身が神のもとから来て、神のもとに帰ろうとしていることを悟り、食事の席から立ち上がって上着を脱ぎ、手ぬぐいを取って腰にまとわれた。それから、たらいに水をくんで弟子たちの足を洗い、腰にまとった手ぬぐいでふき始められた。

（中略）

さて、イエスは、弟子たちの足を洗ってしまうと、上着を着て、再び席に着いて言われた。「わたしがあなたがたにしたことが分かるか。あなたがたは、わたしを『先生』とか『主』とか呼ぶ。そのように言うのは正しい。わたしはそうである。ところで、主であり、師であるわたしがあなたがたの足を洗ったのだから、あなたがたも互いに足を洗い合わなければならない。わたしがあなたがたにしたとおりに、あなたがたもするようにと、模範を示したのである。

（4）箴言30章8節〜9節
むなしいもの、偽りの言葉を
　わたしから遠ざけてください。
貧しくもせず、金持ちにもせず
わたしのために定められたパンで
　わたしを養ってください。
飽き足りれば、裏切り
主など何者か、と言うおそれがあります。
貧しければ、盗みを働き
　わたしの神の御名を汚しかねません。

（5）「『ぶどう園の労働者』のたとえ」（マタイによる福音書20章1節〜16節）
「天の国は次のようにたとえられる。ある家の主人が、ぶどう園で働く労働者を雇うために、夜明けに出かけて行った。主人は、一日につき一デナリオンの約束で、労働者をぶどう園に送った。また、九時ごろ行ってみると、何もしないで広場に立っている人々がいたので、『あなたたちもぶどう園に行きなさい。ふさわしい賃金を払ってやろう』と言った。それで、その人たちは出かけて行った。主人は十二時ごろと三時ごろにまた出て行き、同じようにした。五時ごろにも行ってみると、ほかの人々が立っていたので、『なぜ、何もしないで一日中ここに立っているのか』と尋ねると、彼らは、『だれも雇ってくれないのです』と言った。主人は彼らに、『あなたたちもぶどう園に行きなさい』と言った。夕方になって、ぶどう園の主人は監督に、『労働者たちを呼んで、最後に来た者から始めて、最初に来た者まで順に賃金を払ってやりなさい』と言った。そこで、五時ごろに雇われた人たちが来て、一デナリオンずつ受け取った。最初に雇われた人たちが来て、もっと多くもらえるだろうと思っていた。しかし、彼らも一デナリオンずつであった。それで、受け取ると、主人に不平を言った。『最後に来たこの連中は、一時間しか働きませんでした。まる一日、暑い中を辛抱して働いたわたしたちと、この連中とを同じ扱いにするとは。』主人はその一人に答えた。『友よ、あなたに不当なことはしていない。あなたはわたしと一デナリオンの約束をしたではないか。自分の分を受け取って帰りなさい。わたしはこの最後の者にも、あなたと同じように支払ってやりたいのだ。自分のものを自分のしたいようにしては、いけないか。それとも、わたしの気前のよさをねたむのか。』このように、後にいる者が先になり、先にいる者が後になる。」

（6）「マルタとマリア」（ルカによる福音書10章38節～42節）

一行が歩いて行くうち、イエスはある村にお入りになった。すると、マルタという女が、イエスを家に迎え入れた。彼女にはマリアという姉妹がいた。マリアは主の足もとに座って、その話に聞き入っていた。マルタは、いろいろのもてなしのためせわしく立ち働いていたが、そばに近寄って言った。「主よ、わたしの姉妹はわたしだけにもてなしをさせていますが、何ともお思いになりませんか。手伝ってくれるようにおっしゃってください。」主はお答えになった。「マルタ、マルタ、あなたは多くのことに思い悩み、心を乱している。しかし、必要なことはただ一つだけである。マリアは良い方を選んだ。それを取り上げてはならない。」

（7）「イエスはまことのぶどうの木」（ヨハネによる福音書15章1節～5節）

「わたしはまことのぶどうの木、わたしの父は農夫である。わたしにつながっていながら、実を結ばない枝はみな、父が取り除かれる。しかし、実を結ぶものはみな、いよいよ豊かに実を結ぶように手入れをなさる。わたしの話した言葉によって、あなたがたは既に清くなっている。わたしにつながっていなさい。わたしもあなたがたにつながっている。ぶどうの枝が、木につながっていなければ、自分では実を結ぶことができないように、あなたがたも、わたしにつながっていなければ、実を結ぶことができない。わたしはぶどうの木、あなたがたはその枝である。人がわたしにつながっており、わたしもその人につながっていれば、その人は豊かに実を結ぶ。わたしを離れては、あなたがたは何もできないからである。

（8）『ペスト』アルベール・カミュ Albert Camus, "La Peste"（宮崎嶺雄訳）

筆者（救護活動をしているリウー医師本人）はしかしながら、これらの保健隊を実際以上に重要視して考えるつもりはない。筆者の立場に立てば、なるほど、多くの市民が、今ではその役割を誇張したい誘惑に負けるであろう。しかし、筆者はむしろ、美しい行為に過大の重要さを認めることは、結局、間接の力強い賛辞を悪にささげることになると、信じたいのである。なぜなら、そうなると、美しい行為がそれほどの価値をもつのは、それがまれであり、そして悪意と冷淡こそ人間の行為においてはるかに頻繁な原動力であるためにほかならぬと推定することも許される。かかることは、筆者の与しえない思想である。

7　謙遜について・洗礼を受けるということの流れについて

7－1　謙遜について

十「平和を求める祈り」（254頁）

おはようございます。それでは今日は、難しいことについて考えます。分かるのは分かりやすいことだと思いますけれども、実行は難しい。謙遜について話しましょう。謙遜について。

そして、そのために一つの聖書を読んでいただきたいと思います。このまま読むとちょっと誤解を招くところもあると思いますけれども、後で説明します。

ルカによる福音、ルカの14章、まず1節だけ。そして飛んで7節から11節まで、よろしいですか？　聖書のハイライトということについて、かなり面白いことだと思いますので、いつか考えましょう。とりあえず、これを話しましょう。はい、お願いします。

客と招待する者への教訓（ルカによる福音書14章1節、7節〜11節）

安息日のことだった。イエスは食事のためにファリサイ派のある議員の家にお入りになったが、人々はイエスの様子をうかがっていた。

イエスは、招待を受けた客が上席を選ぶ様子に気づいて、彼らにたとえを話された。「婚宴に招待されたら、上席に着いてはならない。あなたよりも身分の高い人が招かれており、あなたやその人を招いた人が来て、『この方に席を譲ってください』と言うかもしれない。そのとき、あなたは恥をかいて末席に着くことになる。招待を受けたら、むしろ末席に行って座りなさい。そうすると、あなたを招いた人が来て、『さあ、もっと上席に進んでください』と言うだろう。そのときは、同席の人みんなの前で面目を施すことになる。だれでも高ぶる者は低くされ、へりくだる者は高められる。」

偉くなればなるほど、自ずからへりくだれ

ありがとうございます。この言葉、最後の言葉ね、11節「だれでも高ぶる者は低くされ、へりくだる者は高められる」という言葉があります。もう一つの、こ

こで読まないけれども、旧約聖書に「偉くなればなるほど、自ずからへりくだれ」(1)という言葉があります。「偉くなればなるほど、自ずからへりくだれ」。この言葉について後で話しましょう。

謙遜の重大さ

まず、一般的に私たちが「謙遜」について思うことから話し始めて、それから聖書に書かれていることを説明したいと思います。メインテーマは「謙遜」です。では、謙遜の重大さについてまず考えてみたいと思います。この福音から少し離れるかも知れませんが謙遜の重大さについて。

人間関係において謙遜な人は喜んでもらえる。非常に、やっぱり、喜んでもらえるんですね。神様にも喜んでいただけます。気持ちのいい人ですね。逆に言えば、威張っている人は嫌われる。威張っている人は嫌われる。う〜ん、謙遜であれば、人間関係が上手くいきます。

結局、人間にとって傲慢は一つの諸悪の根源ですね。傲慢。エゴイズムと傲慢。今は傲慢について考えるけれども、エゴイズムと傲慢は、結局アダムとイブ

（エバ）の罪の根源だったんですね(2)。神のようになりたい、他人に従わない、私が一番……。

謙遜が足りないと：イライラする

私たちは、イライラする時もありますね？　イライラする。それは謙遜が足りないからでしょう。家でもどこでも、自分の好きなようにいかない時にはイライラする。それは結局謙遜が足りない。他のやり方もあるということを理解できない。自分のやり方は一番だと思っている。唯一のやり方だと。だからそれを他のやり方でする人がいれば、イライラする。そのイライラすること自体が謙遜と柔軟性が足りない、ということです。

謙遜が足りないと：権利があると思い込んで文句を言う

もう一つ、私たちは文句が多いですね。何故文句を言うかというと謙遜が足りないから。自分には権利があると思っている。……何度も言うように、自分は大切にされる権利があると思い込んでいるので、文句を言う。そうではなくて、権利ではなくて贈り物をいただいている。愛されることは自分の権利ではなくて、他人からいただく贈り物です。私たちが権利を強調すること自体が傲慢です。それで暗くなるんです。

謙遜が足りないと：マイルドな被害妄想

もう一つ、文句だけではなくて、マイルドな被害妄想もあるんですね。私はいじめられています。認められていない。私にはこれほど価値があるのに、認めてもらえない。そういうことは、自分が自信過剰で言っているからですね。被害妄想。謙遜が足りないからそう思うと思います。

謙遜が足りないと：嫉妬する

もう一つは、明らかなことですけれども、妬み。妬むんですね、他人を。嫉妬する。誰かが誉められて私が誉められないと嫌がる。

そして、ん～……。私を尊敬して、受け入れて、誉めてくれる人を大切にする。可愛がるけれども、下からの人だけね。下から私を誉めてくれる人を可愛がる。ところが、対等な立場で、あるいは私よりも上に立つ人であれば、僻む。僻む。他人に同情することはできるけれども、他人の成功は喜べない。他人を上から下に見て同情することはできますが、他人の成功を喜ぶのは苦手。僻む。やきもちを焼く。その人が誉められている時には、なるべく話題を変える。その誉め言葉は聞きたくない。それは謙遜が足りないんですね。

謙遜が足りないと：私のものである限り大切

人とつきあっても、この人が私のものである限り、この人を大切にする。私のものでなくなったら、知らない。できることなら不幸になって欲しいというような態度でしょう？　私たちは。

例えば、この人は私の仲間、私のいい友達ならば、この人を大切にするけれども、私から離れて他の人たちと一緒に行くなら、その人を無視するだけではなくて、できるだけ不幸になってほしい、失敗して欲しいと……。それらは全部「自分」が中心ですね～「エゴ」。謙遜が足りない。

謙遜が足りないと：他人を批判しすぎる

そしてまた、他人を批判しすぎる。他人を批判する。それは謙遜が足りないから。自分は素晴らしい、他人の欠点をビシビシ指摘する、それも、謙遜が足りない。

謙遜が足りないと：他人を許さない

もう一つ、許さない。他人を許さない。私に悪いことをした人を絶対に許さない。表では付き合うかもしれない、仕方が無いから。でも、心の中では絶対受け入れない。絶対信じない。これは結局傲慢ですね。「許しはするけれども忘れはしないぜっ」て。表面的にはつきあうんですよ。あるいは家族だったら一緒に住むけれども、心の中では壁を作る。「もう終わり。」その壁は、謙遜の無さを物語る。場合によってはショックを与えるためにこうした方がいい時もありますけれども、できるだけ謙虚な気持ちで他人を許す。許し合うということは謙遜ですね。

謙遜が足りないと：頑固

もう一つ、私たちは時々頑固。頑固。絶対譲らない。絶対謝らない。謝ってもらいたい……。威張る。気取る。ということは他人を見下す。

謙遜が足りないと：学ぼうとしない

もう一つ、学ぼうとはしない。学ぶ精神が足りない。他人から学ぶのはあまり好きではない、あるいは対等な立場にいる人から教えてもらいたくない。その人が何か言おうと思った時に「私、それは、前からもう知っていたよ。あなたに教えられなくても分かっていたんですよ」と。

「いつも子どものようになりなさい」(3)という一つのことはこれですね。子どもは学びたい。学ぶ必要性を感じる。私たちは全てを知ってるとは思わないけれども、自分の人生のために必要な事はもう知っているので、あなたに教えてもらわなくてもいいと思う。これも、謙遜が足りない。

謙遜が足りないと：他人を必要としない

それから、他人を必要としないという傲慢。他人を必要としない。この人がいなくなっても、間に合ってるぞ。他に友達がいっぱいいるし、新しい友を作ろうと思えばいくらでもできますので、面倒くさくなったこの人を大切にする必要性を感じない。裏を返せば、「間に合ってる」という冷たい傲慢。間に合ってるぞという冷たい傲慢。一人一人を大切にしない。

謙遜が足りないと…うらみを育てる

うらみを育てるということも傲慢。うらみ。何かされたら、そのうらみを忘れようとしないで、なるべくうらみを育てる。ホットな状態にする、煽りたてる、忘れないように。それも傲慢。

でも、謙遜は難しい

このようなことがありますので、私たちの傲慢のせいで、謙遜の足りなさのせいで、人間関係と家族関係が上手くいかない時があります。ですから、謙遜は非常に重大なことです。けれども、第二点、謙遜は非常に難しい。その謙遜の難しさについて少し考えましょう。

謙遜、謙虚な気持ちの難しさ。う〜ん……だって、エゴイズムと傲慢は人間の本能の中に入っているみたい。骨にまで入っていますね……。ですから、これに打ち勝つのはなかなか難しい。鋭く入り込んでいるのです。

形の上のテクニックと本当の謙遜とは違う

今の福音書のところですけれど、イエス様が「一番悪い後ろからの席に座りなさい」と言うんですね……。それは、ちょっと見ればテクニックにすぎないように見えるんですね。誰だってそうするんじゃないんですか？　例えば日本の披露宴に行くと、なるべくみんな遠慮して、後ろに残る。そして「先に行ってください」と言う。それは本当の謙遜だとは言い切れないんですね。テクニックと常識ですよ。前に出れば「おい、おい、下がりなさい」と言われるから、言われないうちに後ろに座る。「上座にどうぞ」と言われたら面目を果たす。皆の前で。その代わり、「下がりなさい」と言われたら、恥をかくことになる。でも、このことは、私はあんまり好きじゃない。というのは、その謙遜はテクニックにすぎないからです。面目を果たすためにへりくだる、そして恥をかかないためにへりくだる、それは謙遜ではない。それは技術だと思います。常識と世間体ですよ。

しかも、「へりくだれ」と言う。「へりくだる」ということは、また微妙ですよ。他人の前でへりくだる、敬語を使って頭を下げてへりくだるけれども、心はへりくだらない時も多いですよ。

例えば、私はこの人たちの前ではへりくだる、でも本当はこう思っている「私はこの人たちよりも程度がずっと高い。この人たち、私よりも程度が低い。でも私はちょっと無理して彼らに合わせてへりくだる。」それはすごい傲慢だと思います。ね？　心、心は全然謙遜ではない。では、本当の心の謙遜は何でしょうか？

先ほどの聖書の言葉について追加説明：ユダヤ人たちに向かって話した言葉

謙遜とは何か。ちょっと話をバックします、言い忘れたから。

ユダヤ人たちに向かって話していたことです。ユダヤ人たちは、ヤーウェ、つまり神が自分たちを通してこの地球に来たと思い込んで、自分たちが一番偉いと威張っていたんですね。優越感を感じていた。だから、自分たちは当然一番いい席に座る権利があると思い込んでいた。

そういうことに対してイエス様は言っています。「あなたにはその権利は無い。へりくだりなさい」と。でも、その言葉はあの当時のユダヤ人たちに当てはまるけれども、私たちの日常生活にあんまり当てはまらないと思います。先ほど言ったように、結局形の上のテクニックにすぎないということになります。では、それを除いて、本当の謙遜とは何でしょうか。

本当の謙遜：頭を垂れる稲穂

一つは、もしイエス様が、この日本の俳句をご存じだったならば、「これだ」と言ったでしょう。私の好きな俳句ですね。「実るほど頭（こうべ）を垂れる稲穂かな。」「これだ」と。イエス様は、「これ、私が言いたかったのはこれですよ！」と言ったでしょう。「実るほど頭を垂れる稲穂かな」これは見事ですね。

旧約聖書には「偉くなればなるほど自ずからへりくだれ。」「へりくだりなさい」とあります。それは好きじゃない、私は。やっぱり、この俳句は綺麗。自然にへりくだる。自然に重さの上でへりくだる。自分の知識、自分の良さ、自分の素晴らしさの重さで、自然に頭を垂れる、稲穂かな。この稲穂は謙虚な自信の持ち主だと思います。その点ではイエス様も似ていると思いますね。

権威を使わなかったイエス様

イエス様は、すごくはっきりと自分の意見を言います。だから自信を持っていますよ。自分の言葉に自信がある、だからはっきりと言う。けれども、権威を使いません。権力を使いません。「私がメシアだから私の言うとおりにしろ」とは言わないんですね。イエス様の言葉の内容の重さで、みんな従う。これを学べばいいと思います。

皆さん、家でも、権威を使って「こうなんだから、こうする!」と言っていませんか? やむを得ない時もあるでしょう、おもに子どもがちびっ子の時にはいちいち説明できないでしょう。それは分かりますけれども、子どもがちょっと大きくなったならば、なるべく権威を使わないように。

説得力で教育した方がいい。あなたの言葉に意味があるので、子どもが「ああ、なるほど、そうだな」と思うのが理想。もし、「私がお母さんだから、私の言うとおりにしなさい、さもなければ、この家を出て行ってください」と言うのなら、それは権威ですね。それに対して、子どもは「あ、そうですか、分かりました」と答えるでしょう。でも、この場合子どもは、右の耳から入って左の耳から出ていく。

学生に言われました。教わったのですけれども。私はいつか学生に「レポートを出しなさいよ」と言いました。学生は「はい」と言いました。「先生、一つ教えます。日本人は説教される時には、頭を下げる。下がった頭の上を説教が通る。」（笑）なるほど！（笑）ですから、権威を使うと「はい」と相手は答えるけれども、言葉は頭の上をシューっと通るんですね。権威よりもむしろ実力がいい。

『謙虚な自信』を子どもたちに抱かせてください

ですから、この稲穂は素晴らしいね。逆に言えば、自分が偉いと思ってぴょーっと伸びてそびえる稲穂は、空っぽだからそびえる。偉いほど自然に下がる、重いから。重くない稲穂はぴょーんとそびえて偉そうなこと言う。ちっとも偉くない。

でもひょっとすると世間は、そのぴょーんとそびえる人にお金をあげるかもしれない。肩書きをあげるかもしれない。でも神様は騙されない。本当に良いのは、この頭を垂れる稲穂。その謙遜を求めるのはいい。

ですから、この謙虚な自信。これは皆さんの子どもたちに抱かせてあげてほしい。生きる、喜んで生きる自信。喜んで生きるための自信。東大に入るための自信は素晴らしいことです。でもそれよりも、喜んで生きるための自信を抱かせてください。引き出してください。抱かせて、引き出して抱かせてください。では、一つの謙遜とは何か、稲穂、そのものです。

本当の謙遜：他人を高める

もう一つの謙遜というのは、他人の前でへりくだることよりも、他人を高める。お世辞で高めるのではなくて、感動して、「この人は素晴らしい」と。他人の前でへりくだるのは、怪しいこともあり得る。でも、他人を立てる、他人を高める、それだったら自分がへりくだらなくても、自然に相手が上に立つ。これは本当の謙遜だと思います。

口先のお世辞ではなくて、本当に「この人」の素晴らしいところを感じて、「この人はいいですね」と認める。「この人」があまり好きではない人だったら、なおさらそれを認めるのは立派なことですね。そして、その人の成功を喜べる、その人の成功を喜べる、これは謙遜です。なかなか難しい。

本当の謙遜：返すことのできない恩を感謝していただく

謙遜のもう一つの特徴。返すことのできない恩を、感謝していただくこと。自分には返すことのできない恩を感謝していただくのは、謙遜だと思います。

マリア様について聞いたことです。マリア様に当てはめて。マリア様は「あなたはイエス・キリストのお母さんになるんです。それでいい？」と言われた時に、「はい」(4)と答えました。マリア様は……委ねましたね。「はい、いただきます。」その恵みは自分でいくら努力しても返すことができない、それは素直にいただく。感謝して。それは謙遜。

ですから、逆に言えば、遠慮しすぎるということは謙遜ではない。遠慮しすぎると……。相手を信頼していないから遠慮しすぎる。相手はあなたが喜ぶことをしているのに、「いや、いや、いや、いらない。」もうちょっと素直にいただいたら？　後で「美味しい」と言えば、喜んでくれるのです。

例えば私たちは、自分の両親に対して、いただいたことを返すことができないんですね。普通は返すことができない。やっぱり親の愛は、子どもの愛よりも強い。あの侍が書いた言葉、「親思ふ心に勝る親心」「親思ふ心に勝る親心」ですね。（吉田松陰が29歳で処刑される一週間前に詠んだ歌。「けふの音づれ何ときくらん（だから私の死を親はどんな思いで聞くのだろうか）」という下の句が続く。）

親心は親孝行より上です。だから、私たちは子どもとしてそのいただいた愛を返すことができないけれども、感謝して、素直にいただく。逆にあなたがたは自分の子どもに対して親心を見せれば、それは感謝の印です。

ですから、自分を委ねる。委ねる。その人を信頼して、神様を信頼して、自分を委ねる。自分を委ねるというのは、「任せておいたぜ」ということではなくて、自分が一生懸命するけれども、その結果を、自分の努力の結果を委ねます。

本当の謙遜：感謝の気持ちが謙虚な気持ちを深める

もう一つの謙遜の側面としては、感謝の気持ちは謙虚な気持ちを深めます。感謝の気持ちは謙虚な気持ちを深めます。（少しの間の沈黙）……感謝の気持ちはいいですね……。

行儀のいい人だったら、言葉では「ありがとうございます」と言います。けれども、果たして心で感謝しているかどうかは一概には言えないんですね。ですから、心から感謝するように。自分から始めて、心から、ささやかなことを感謝して生きていれば、心が謙遜になる。感謝の気持ちが謙虚な気持ちを深めます。

いつか言ったように、感謝されることをあまり期待しすぎないで。要求しすぎないで。それでいて、感謝することをあまり忘れないように。感謝されることをあまり要求しすぎないで、期待しすぎないで、それと同時に、感謝することを、絶対と言いたいけれど無理でしょう、あまり忘れないように。このような家庭を育てていただければ、あなた方の皆さんのお子さんたちは大船に乗った気持ちだと思います。感謝の気持ちがすべてを清めると思います。

本当の謙遜：仕える

謙遜のもう一つの特徴あるいは側面、あるいは謙遜になるための手段になることですけれども、「仕える」ということです。他人に仕える。皆さんは、お母さんとして、奥さまとして、朝から晩までこれをなさっていらっしゃいますね。仕えることによって謙遜になる。

その時、どういうふうに、どういう気持ちで仕えるのかということが問題ですね。ですから、心を込めて、感謝しながら、喜んで仕える。心を込めて、感謝しながら、喜んで仕える。「させていただいております」という気持ちで仕えるなら、謙遜になる。それこそ謙遜だと思います。

逆に言えば、ぶーぶーと言って、「何故みんながそれをしないの？　みんなズルイな」という気持ちでは、謙遜ではないんですね。謙遜にならない、ますます暗い傲慢が強くなると思います。

では、テサロニケの第一の書簡を見てみましょう。テサロニケには一と二があります。第一の書簡の5章の真ん中あたりに書いてある有名な言葉ですが、「絶えず祈りなさい。どんなことにも感謝しなさい。どんな時にも感謝しなさい。聖霊の火を消さないように。いつも喜んでいなさい」(5)とあります。いいですか？

絶えず祈りなさい

「絶えず祈りなさい」。もっともっと神様に近寄って、自分なりの神様に近寄ってみた方がいいと思います。そこから純粋な愛、純粋な命があなたの心に入って、そこから、自分の家族、自分の仲間すべてにそれを与えることができます。

いつも祈りなさい。よく願いなさい。家族のためにも他人のためにも。これを願いなさい。何回もしつこく、くどく、飽きずに願いなさい。いつも祈りなさい。

どんな時にも感謝しなさい

「どんな時にも感謝しなさい」。「どんな時」というのは、辛い時にも感謝しなさい。

例えば誰かと、大切な人と喧嘩しているとしますね。相手と嫌なことがあったとします。その時にもやっぱり話して、辛い話し合いかもしれませんけれども、はっきりと話す。でもその前に、感謝を忘れない。その時にも感謝しなさい。でも感謝していることは相手に言わない方がいい。相手に「感謝していますけれども」と言ったら、それはかえってわざとらしい。言わない方がいい。でも、心の中で感じてください。この人を今憎いと思うけれども、この人は私のために何回もたくさんのいいことをしてくださった。その感謝を背景として味わって、なお且つビシビシと言えばいいと。

そして辛い時、その辛さをあなたは乗り越えることができるんじゃないですか？　それに感謝してください。私に強さがある。これに耐え忍ぶ強さがある。しかもいろいろなことで、とにかく、その時にも命に感謝しますと。どんな時にも感謝しなさい。

聖霊の火を消さないように

もう一つ、「聖霊の火を消さないように」。「聖霊の火」というのは、あなたの心の底にある聖霊の火。火というのは、三つの意味の火です。

一つは光。道を照らしてくれる光。あなたがどういう道を歩けばいいのか、それをなんとなく光って照らしてくださる光。その火を消さないように。

もう一つの意味があります。それは、情熱、熱意、元気。その元気を消さないように。

そして、もう一つの意味。火は温かいですね。心を温める火。心の温かさは、誰にも非常に大切ですけれども、おもに皆さんはお母さんとして、心の温かさが非常に大切ですね。女性は本能的にその傾向もあるけれども、みんなが温かい態度をとっているとは限りませんよ。大変冷たい正しさで物事を決めている女性もいますね。冷たい正しさ。それも必要ですけれども、それと同時に心の温かさ。心の温かさを忘れないように。

スペインには、「蜂蜜の一滴が一瓶の酢より効果的である」ということわざがあります。「一滴の蜂蜜が、蜂蜜の一滴が」つまり少しの心の温かさが「一瓶の酢、お酢より」冷たい正しさという酢より「効果的である」、効く。時々私たちはお酢で物事を決めたいんですね。それは必要ですけれども、心の温かさを忘れないように。

いつも喜んでいなさい

だから、聖霊の火を消さないように、この温かさも、熱意も、光も、消さないで生きるように。その結果として、「いつも喜んでいなさい」。その前の三つを守れば、自然に結果として、いつも喜んでいなさい。

本当の謙遜：謙遜プラス渇望

もう一つあります。謙遜はすごく大切ですが、同時に野心も必要ですよ。野望。渇望。おもに若い皆さんのお子さんたちにこれがあるように。

時々謙遜を誤解して、小さくなっていつもへりくだって目立たないようにするということがあります。しかし、それは謙遜ではない。Boys, girls, be ambitious!（W・S・クラーク）Be ambitious と言うでしょう。野望。それが無いと本当の謙遜ではないんですね。

ですから、目立つ勇気、そして目立たないゆとり、このコンビネーションがいいと思います。目立つ勇気、目立たない謙遜、目立たないゆとりをもちましょう。

目立つ勇気について。目立つと怖い。失敗するとみんなに見られるので、あんまり目立たないようにする人がいますね。それは謙遜から出てくる気持ちではなくて、臆病から生まれる気持ちです。失敗する勇気が無いので、目立たないようにする。謙遜だから目立たないようにするのではなくて、怖いから目立たない。それを避けて欲しいですね、おもに皆さんのお子さんたちに。失敗してもいいですよ！　おもに若い人は精神的な筋肉と筋が柔らかいので、失敗しても立ち直りますよ。私のような年齢だったら転ぶともう骨が治らないでしょうけれども、若い人たちはひどい怪我をしても二週間後にはまたサッカーをしているんですよ。学生たちは若い。だから、失敗することを恐れないで。まあ、馬鹿なことばかり、失敗ばかりでは勿論常識外ですけれども。失敗する勇気があって、なお且つ目立たないゆとり。目立たない謙遜。目立たなくてもいいというゆとり。

時々ある人はね、自分が話題の中心になっていない時には面白くないと思っている。自分が出した話題がはずむ時には元気でゲラゲラ笑って、すごく豊かな表情でいるけれども、他の話題になって自分が中心にならないと自然に時計を見るんですね。他人の話を聞きながら、その後自分の話をすることを考えている、他人の話を聞かないで。いつも目立っていないと自分の意義は無くなると思っているみたい。それは可哀想。目立たなくてもいいというゆとりがいいですね……。

縁の下の力持ちで、輪を作って、自分がいる時には目立たないけれども、いなくなると感じる。このような人がいいですね……。いる時にはパッとしない。いなくなると「あ、寂しい。」ですから、このような人の価値が、不在で感じられると思います。不在で、その人の価値が感じられると思います。音楽の伴奏みたい。伴奏はそれほど目立たない。目立つのはメロディーと歌ですね？　でも、伴奏が無いと寂しい。このような人であって、なお且つ失敗してもいいという勇気のある人がいい。そのブレンドは難しい。ですから、謙遜だけではなくて、謙遜プラス渇望。

7－2　洗礼を受けるということの流れ

まだ少し時間が残っていますので、全く違うことについて、一言話したいんですが……。これは全然プレッシャーにならないように。でも、一応こういうことがあるということで、ちょっと聞いてほしい。洗礼を受ける人の、洗礼を受けるということの流れを少し考えてみたいと思います。

洗礼を受けたい…富士山に登りたい

比喩を使いますね。洗礼を受けたい人は、富士山に登りたい、という意味ですね。富士山に登りたい。富士山に登るということは、例えばカトリックの場合には、いろいろな段階があります。一つの段階は、ポイントを言いますと、まず富士吉田行きの電車に乗らなければならない。富士吉田で降りて、五合目行きのバスに乗らなければならない。五合目で洗礼を受けて、歩く。

いつか登りたいけれど、どうやって？

では、まず、その電車に乗る。電車に乗るまでは「その駅はどこの駅かな」「どこで乗るのかなあ」「そこまでどうやって行くのか」とか「歩いた方がいいですか」「あのバスの方がいい」……などと考えているんですね。それは今ここにいるたくさんのお母様方の状態ですね。いつか私は登りたいのですけれども、どうやって行けばいいのかと考えている段階ですね。

富士吉田行きの電車に乗る（入門式）

それから、いつか、入門式を受けます。入門式は何かと言うと、何々駅で、富士吉田行きの電車に乗るということです。それは入門式です。つまり、富士山に登りたい、本格的に登りたい、途中で休むのか分からないけれども、登りたい。これは入門式です。もし皆さんの中にその気持ちがあれば、申し込んでください。シスターか、ヘルパーたちに申し込んでください。

できることなら、その電車に乗っている時には、あなたが「信者の生き方はこれなんだ」と思っていることを実行しなさい。その信者の生き方、自分にピンとくる「信者の正しい生き方」を、その時から行ってください。例えばミサに行ったり、……それをして近寄ってください。そして、だんだん富士吉田に近づき、辿り着きます。そこで降りて、バスに乗る。

バスに乗って五合目へ（志願式から洗礼式まで）

バスに乗る時は、志願式になります。「もうちょっと、富士山に登るぞ、登るぞ」というのが志願式。バスに乗って、今度五合目まで行くんですね。五合目で降りて、そこで洗礼を受けます。そこで信者になります。

五合目からは、乗り物無しで歩く

それで、終わり、ということではなくて（笑）、それから歩くんですよ。乗り物無しに歩きます。その道が長い。一人で登る時も多い。仲間と一緒に登る時もある。もちろん、いつもそばにいてくださる旅の友、旅の道づれであるイエス・キリストと一緒に登りますけれども、辛い。しかも、右に行ったり左に行ったり、だんだん登るんですよ。だんだん登らなければならない、つまり、その信仰をそのまま保つだけではなく深める。深めながら、祈りを深めながら。あるいは人間関係で他人を大切にして、全部深めながら完成しながら登るんですね……。

そして、いつか雲に包まれる

そして、いつか、雲が来る。その雲がいつ来るかというと、頂上に着いた時かもしれません。あるいは七合目のあたりで来るかもしれません。

その雲、聖書における「雲」というシンボルは、神の身近な存在、隠れた存在を表します。そして私を救ってくださる、人を救ってくださる、活動的に人を救ってくださる存在です。神がここにいる。身近に、でも隠れた形で。そして、私を抱きしめて包んでくださる。それは雲ですね。

その雲が、いつか富士山に登っている時には来るんですね。つまり、死ぬ時のことですね……頂上の時か、その前か、いつか。でも、その時には包んでくださる。

例えば、カトリックのお葬式に、ご参加なさったことがあるかと思いますけれども、香を焚くんですね。遺体の周りに香を焚く。まず、水で清める、水で。それは分かりやすい。それから香を焚く。その意味は、雲です。雲を作っているんです。つまり、「神様、この人を包んでください。この人を救ってください。抱きしめてください。幸せにしてください」と願うと同時に、その事実を感じる。

もう既にこの人が神様に抱きしめられて、今こそ幸せになる、ということを表すために、そして願うためにも、香を焚くんですね。ですから、その雲がいつか必ず私たちのところに来ます、その時に。ですから人生はこういうふうになります。登って、登って。

よろしければ、いつか、考えてみてください。

では、今日は少し早いけれども、ここまでにしたいと思います。お疲れさま。祈りましょう、「主の祈り」。

十 「主の祈り」（255頁）

はい。しばらくの間は無いけれども、ま、いい子でいなさい（笑）。ありがとうございます！　お疲れさまでした。また次回どうぞ。

（平成22年10月14日）

（1）シラ書3章18節

偉くなればなるほど、自らへりくだれ。

そうすれば、主は喜んで受け入れてくださる。

（2）アダムとイブ（エバ）「神のようになりたい」（創世記3章1節～6節）

主なる神が造られた野の生き物のうちで、最も賢いのは蛇であった。蛇は女に言った。

「園のどの木からも食べてはいけない、などと神は言われたのか。」

女は蛇に答えた。

「わたしたちは園の木の果実を食べても良いのです。でも、園の中央に生えている木の果実だけは、食べてはいけない、触れてもいけない、死んではいけないから、と神様はおっしゃいました。」

蛇は女に言った。

「決して死ぬことはない。それを食べると、目が開け、神のように善悪を知るものとなることを神はご存じなのだ。」

女が見ると、その木はいかにもおいしそうで、目を引き付け、賢くなるように唆していた。女は実を取って食べ、一緒にいた男にも渡したので、彼も食べた。

（3）「子どものようになりなさい」（マタイによる福音書18章1節～5節）

そのとき、弟子たちがイエスのところに来て、「いったいだれが、天の国でいちばん偉いのでしょうか」と言った。そこで、イエスは一人の子どもを呼び寄せ、彼らの中に立たせて、言われた。「はっきり言っておく。心を入れ替えて子どものようにならなければ、決して天の国に入ることはできない。自分を低くして、この子どものようになる人が、天の国でいちばん偉いのだ。わたしの名のためにこのような一人の子どもを受け入れる者は、私を受け入れるのである。」

（4）「イエスの誕生が予告される」（ルカによる福音書1章26節～38節）

六か月目に、天使ガブリエルは、ナザレというガリラヤの町に神から遣わされた。ダビデ家のヨセフという人のいいなずけであるおとめのところに遣わされたのである。そのおとめの名はマリアといった。天使は、彼女のところに来て言った。「おめでとう、恵まれた方。主があなたと共におられる。」マリアはこの言葉に戸惑い、いったいこの挨拶は何のことかと考え込んだ。すると、天使は言った。「マリア、恐れることはない。あなたは神から恵みをいただいた。あなたは身ごもって男の子を産むが、その子をイエスと名付けなさい。その子は偉大な人になり、いと高き方の子と言われる。神である主は、彼に父ダビデの王座をくださる。彼は永遠にヤコブの家を治め、その支配は終わることがない。」マリアは天使に言った。「どうして、そのようなことがありえましょうか。わたしは男の人を知りませんのに。」天使は答えた。「聖霊があなたに降り、いと高き方の力があなたを包む。だから、生まれる子は聖なる者、神の子と呼ばれる。あなたの親類のエリサベトも、年をとっているが、男の子を身ごもっている。不妊の女と言われていたのに、もう六か月になっている。神にできないことは何一つない。」マリアは言った。「わたしは主のはしためです。お言葉どおり、この身に成りますように。」そこで、天使は去って行った。

（5）「絶えず祈りなさい」（テサロニケの信徒への第一の手紙5章16節～19節）

いつも喜んでいなさい。絶えず祈りなさい。どんなことにも感謝しなさい。これこそ、キリスト・イエスにおいて、神があなたがたに望んでおられることです。〝霊〟の火を消してはいけません。

「平和を求める祈り」

わたしたちをあなたの平和の道具としてお使いください。
憎しみのあるところに愛を、
いさかいのあるところにゆるしを、
分裂のあるところに一致を、
疑惑のあるところに信仰を、
誤っているところに真理を、
絶望のあるところに希望を、
闇に光を、悲しみのあるところに喜びを、
もたらすものとしてください。
慰められるよりは慰めることを、

理解されるよりは理解することを、
愛されるよりは愛することを、わたしが求めますように。
わたしたちは与えるから受け、
ゆるすからゆるされ、
自分を捨てて死に、永遠のいのちをいただくのですから。

「主の祈り」

天におられる私たちの父よ、
み名が聖とされますように。み国が来ますように。
み心が天に行われるとおり、地にも行われますように。
わたしたちの日ごとの糧を今日もお与えください。
わたしたちの罪をおゆるしください、わたしたちも人をゆるします。
わたしたちを誘惑に陥らせず、悪からお救いください。
アーメン。

「聖母マリアへの祈り」

恵みあふれる聖マリア、
主はあなたと共におられます。
主はあなたを選び祝福し、
あなたの子イエスも祝福されました。
神の母、聖マリア、
罪深いわたしたちのために
今も死を迎える時も祈ってください。
アーメン。

（「聖母マリアへの祈り」は、２０１１年6月、
「アヴェ・マリアの祈り」に改訂されました。）

「アヴェ・マリアの祈り」

アヴェ、マリア、恵みに満ちた方、
主はあなたとともにおられます。
あなたは女のうちで祝福され、
ご胎内の御子イエスも祝福されています。
神の母聖マリア、
わたしたち罪びとのために、
今も、死を迎える時も、お祈りください。
アーメン。

あとがき

雙葉学園のお母さまたちに向かって講話をしていた時、まさか、その内容がテープになり、テープが文書になり、文書が本になるとは、夢にも考えていませんでした。

そのプロジェクトをあらかじめ知っていたのなら、もっと準備しておいてから話したのでしょう。

参加者の一人である中西玲子さんは、非常にお忙しい母親なのに、録音された沢山のテープを忍耐強く忠実に文章にしてくださいました。他のお母さまたちもこの大変な仕事に協力してくださいました。雙葉小学校の先生である高見澤仁子さんは、いろいろな手続きを踏んで、さまざまな許可を取りながら、まとめてくださいました。

カバーのきれいなデザインを描いたのは、雙葉小学校の元図工の先生、橋本克雄氏です。

このように、皆様の協力体制のお陰さまで、この本ができたわけです。皆様に、そして長崎の聖母の騎士社の皆様に、心から感謝いたします。

しかし、この思いがけない計画の魂は、まさに、シスターフィリップです。いつまでも、雙葉学園の魂の役目を果たしながら、私たちと一緒にいてくださるように、感謝をこめて祈っております。

結局、何もしなかったのは私だけです。

２０１３年10月19日

ハビエル・ガラルダ S.J.

《ハビエル・ガラルダ（Javier Garralda S.J.）》
上智大学名誉教授 麹町聖イグナチオ教会司祭
1931年 スペイン・マドリード生まれ
1948年 イエズス会入会
1956年 コンプルート大学大学院哲学研究科修了
1958年 来日。
1964年 上智大学大学院神学研究科修了 司祭叙階
上智大学文学部教授、上智大学文学部人間学研究室室長、
上智大学社会福祉専門学校校長 聖心女子大学講師を歴任
著書に『自己愛とエゴイズム』、『自己愛と献身―愛するという意味』（以上 講談社現代新書）、『「いい人」がきっと幸せになれる7つの法則』（PHP研究所）などがある。

こころのティースプーン〈上〉
ガラルダ神父の教話集

ハビエル・ガラルダ

2014年9月25日　第1刷発行
2022年7月25日　第3刷発行

発 行 者●谷崎新一郎
発 行 所●聖母の騎士社
〒850-0012 長崎市本河内2-2-1
TEL. 095-824-2080／FAX. 095-823-5340
e-mail: info@seibonokishi-sha.or.jp
http://www.seibonokishi-sha.or.jp/
校正・組版●聖母の騎士社
印刷・製本●大日本法令印刷（株）
Printed in Japan
落丁本・乱丁本は小社あてにお送りください。送料は小社負担にてお取り替えします。
ISBN978-4-88216-356-5 C0116

聖母文庫

カトリック鶴崎教会学校＝編

親と子の新約聖書

豊後には大友宗麟の模範にならい多くのキリスト教信者が誕生し、徳川時代には殉教者も出た。３００年余りの時を越えてこの地から生まれた聖書案内書。　価格６００円（税別）

イエスは今日も生きておられる

Sr．マルガリタ・ヴァラピラ＝著　ゲスマン和歌子＝訳

インド人シスターが「聖霊による刷新」との出会いと「新しい福音宣教」の展開をあかした書。　価格１０００円（税別）

生活の中に降られる神

シエナの聖カタリナをとおして

小澤悦子

歴史の中に姿を現わしたサタン。魂の戦いの中で見えてくる愛と希望の神の現存への賛歌。　価格５００円（税別）

津軽のマリア川村郁

木鎌耕一郎

１９５０年代、青森県津軽地方、八甲田山麓の開拓地で、教育から見放された子どもたちに生涯をささげた若い女性がいた。これはもう一人の「蟻の町のマリア」、川村郁の物語である。　価格５００円（税別）

イエスと…

ペトロ・ネメシェギ

イエスとさまざまな「人」や「もの」との関係を発見し、私たちの救い主イエスをもっとよく知りましょう。　価格５００円（税別）

聖母文庫

アントニオ・リッチャルディ＝著　西山達也＝訳

聖者マキシミリアノ・コルベ

聖コルベの生と死、信仰と愛、思想と活動の全貌を、列福調査資料を駆使して克明にまとめ上げた必読の書。

価格1000円(税別)

平田栄一

すべてはアッバの御手に

井上洋治神父の言葉に出会う＝

井上洋治神父の言葉を通して、主イエスに出会う旅へ…。井上神学案内書、第2弾！

価格500円(税別)

カルロス・メステルス＝著　佐々木治夫＝訳

「ルツ記」を読む

パン・家族・土地

パン、家族、土地、これらの問題解決のため、ナオミとルツは、どのように闘ったのか、さまざまな困難に立ち向かうすべての人に、「ルツ記」は励ましを与えてくれるだろう。

価格500円(税別)

R・ドグレール／J・ギシャール＝著　伊従信子＝訳

神と親しく生きる　いのりの道

福者マリー＝ユジェーヌ神父とともに

現代の狂騒の中で、大切な何かを見失っていないだろうか…真理、善、美、生きる意味、神との関わりを捜し求めている人たちへ送るメッセージ。

価格500円(税別)

草野純英

世相からの祈り

神にみ栄え　人に平和

祈りの本です。…少しの時間でも、日頃のお恵み、ご加護を感謝し、また、不完全さのお赦しを願うため、本著が少しでもお役に立てば幸いです。

価格600円(税別)

聖母文庫

聖書を読む
トマス・マートン＝著
マリア・ルイサ・ロペス＝監修　塩野崎佳子＝訳

神の言葉とは何か。聖書とは一体どのような本なのか…その問いに迫るトラピスト会司祭マートンの、成熟した神学とユーモアに触れられる一冊。　価格500円(税別)

長崎のコルベ神父
小崎登明

コルベ神父の長崎滞在時代を数々のエピソードで綴る聖母の騎士物語。(初版復刻版)　価格800円(税別)

神への讃歌
木村　晟
ヴォーリズと満喜子の祈りと実践の記

W・メレル・ヴォーリズが紡いだ讃歌の言葉から浮かび上がる篤い信仰を見つめながら、宣教・教育活動を振りかえる。　価格800円(税別)

私のキリシタン史
安部明郎
人と物との出会いを通して

人間には、そのために死んでもいいというような向があるときにこそ、喜んで生きることができる。キリシタンたちに、それがあったのだ。(ペトロ・ネメシェギ)　価格800円(税別)

教皇訪日物語
水浦征男

第1章「教皇訪日物語」
第2章「そごう百貨店の大ヴァチカン展」
他を収録。　価格500円(税別)

聖母文庫

場﨑 洋
キリスト教小噺・ジョーク集

この書で紹介するものは実際に宣教師から聞いたジョークを集めて綴ったものですが、それ以外にも日本で生まれたジョークや笑い話、小噺を載せてみました。

価格600円(税別)

場﨑 洋
イエスのたとえ話
私たちへの問いかけ

歴史的事例や人物、詩などを取り上げながら私たちが生きている現代社会へ問い掛けているイエスのメッセージに耳を傾けていきたいと思います。

価格800円(税別)

森本 繁
ルイス・デ・アルメイダ

本書は、アルメイダの苦難に満ちた医療と伝道のあとを辿り、ルイス・フロイスとの友情や、さまざまな人たちとの人間的な交流を綴ったものである。

価格600円(税別)

ホセ・ヨンパルト
「笑う」と「考える」・「考える」と「笑う」

人間は笑うだけでは幸せになれませんが、考えることによって幸せになることができます。

価格500円(税別)

ルイス・カンガス
イエス伝
イエスよ、あなたはだれですか

男も女も彼のために、全てをささげ命さえ捧げました。この不思議なイエス・キリストとはどのような方でしょうか。

価格1000円(税別)

聖母文庫

ミゲル・スアレス
キリスト者であることの喜び
現代教会についての識別と証しの書

第二バチカン公会議に従って刷新された教会からもたらされる喜びに出会いましょう。

価格800円（税別）

水浦征男
この人

月刊「聖母の騎士」に掲載されたコラム（「スポット・ライト」、「この人」）より1970年代から1980年代にかけて掲載された人物を紹介する。

価格800円（税別）

木村　晟
すべては主の御手に委ねて
ヴォーリズと満喜子の信仰と自由

キリスト者達は皆、真理を実践して真の自由を手にしている。近江兄弟社学園の創設者ヴォーリズと妻満喜子も、平和を愛する信仰の勇者なのであった。

価格1000円（税別）

森本　繁
南蛮キリシタン女医 明石レジーナ

江戸時代初期に南蛮医学に情熱を燃やし、外科治療に献身した女性が存在した。実証歴史作家が描くレジーナ明石亜矢の物語。

価格800円（税別）

伊従信子＝編著
わたしは神をみたい
いのりの道をゆく
マリー＝ユジェーヌ神父とともに

マリー＝ユジェーヌ神父は、神が、多くの人々を神との一致にまで導くように、自分を召されたことを自覚していました。

価格600円（税別）

聖母文庫

高橋テレサ＝編著　鈴木宣明＝監修

アビラの聖女テレサと家族

離れがたい結びつきは夫婦・血縁に限ったことではない。縁あって交わることのできた一人一人との絆が大切なのである。それを私は家族と呼びたい。価格500円（税別）

レジーヌ・ペルヌー＝著　門脇輝夫＝訳

現代に響く声　## ビンゲンのヒルデガルト

12世紀の預言者修道女

音楽、医学他多様な才能に恵まれたヒルデガルト。本書は、読者が著者と同じく彼女に惹かれ、親しみを持てるような研究に取り組むものである。価格800円（税別）

﨑濵宏美

石蕗の詩（つわぶきのうた）

叙階25周年を迎えた著者は、長崎県五島生まれ。著者が係わりを持った方々への感謝を込め、故郷から現在に至る体験をエッセイや詩で綴る。価格500円（税別）

ボグスワフ・ノヴァク

真の愛への道

人間の癒しの源であるキリストの受難と復活

名古屋・南山教会主任を務める神言会のポーランド人司祭が著した愛についての考察。愛をまっとうされたイエスの姿から、人間の愛し方を問う。価格500円（税別）

水浦久之

愛の騎士道

長崎で上演されたコルベ神父物語をはじめ、大浦天主堂での奇跡的出会いを描いたシナリオが甦る。在世フランシスコ会の機関誌に寄せたエッセイも収録。価格600円（税別）

聖母文庫

水浦征男
教皇ヨハネ・パウロ物語
「聖母の騎士」誌22記事再録

教皇ヨハネ・パウロ一世は、あっという間に姿を消されたため、その印象は一般にあまり残っていない。わずかな思い出を、本書の記事で辿っていただければ幸いである。　価格500円(税別)

ジョン・A・シュグ＝著　甲斐睦興＝訳　木鎌安雄＝監訳
ピオ神父の生涯

2002年に聖人の位にあげられたカプチン会司祭ピオ神父は、主イエスの傷と同じ五つの聖痕を持っていた。神秘に満ちた生涯を文庫サイズで紹介。　価格800円(税別)

田端美恵子
八十路の春

八十路を歩む一老女が、人生の峠に立って永久に広がる光の世界を見つめ、多くの人が神の愛に目覚めてくれることを願いつつ、祈りを尽くして綴った随想。　価格500円(税別)

駿河勝己
がらしゃの里

日々の信仰を大切にし、御旨のうちに生きる御恵みを祈り、ガラシャの歩まれた永遠の生命への道を訪ねながら…。　価格500円(税別)

ムンシ ロジェ ヴァンジラ
村上茂の生涯
カトリックへ復帰した外海・黒崎かくれキリシタンの指導者

彼の生涯の一面を具体的に描写することが私の意図であり、私は彼に敬意を払い、また彼の魂の遍歴も私たち自身を照らすことができるように思います。　価格500円(税別)

聖母文庫

崎濵宏美
風花の丘（かざばなのおか）

春が訪れ夏が近づく頃まで、十字架の上でさらされた26人でありましたが、彼らの魂は……白く光る雪よりさらに美しく輝いて天の故郷へ帰っていったのであります。価格500円（税別）

水浦征男
教会だより
カトリック仁川教会報に綴った8年間

ここに収めた「教会だより」は兵庫県西宮市のカトリック仁川教会報「タウ」の巻頭に2009年4月から2017年3月まで掲載されたエッセイです。価格600円（税別）

フランシスコ・ハビエル・サンチョ・フェルミン＝著　西宮カルメル会＝訳
地上の天国
三位一体のエリザベットの秘密

私たちの信仰が本物であり、役に立ち、生きていると感じられるように、エリザベットのメッセージが信仰を活性化する助けとなるように願っています。価格500円（税別）

田端美恵子
母であるわたしがここに居るではありませんか

様々な思い出に彩られて歩んできた現世の旅路は、すべて恵みであり感謝に変わっています。…八十路を超えた著者が綴る、愛に生きることの幸せを噛み締めるエッセイ。価格500円（税別）

福田八郎
信仰の耕作地　有馬キリシタン王国記

世界文化遺産『長崎と天草地方の潜伏キリシタン関連遺産』の構成資産である「原城」「日野江城」跡の残る島原半島・有馬の地は、セミナリヨが置かれた地であり殉教の地である。価格1000円（税別）

聖母文庫

フランシスコ・ハビエル・サンチョ・フェルミン＝著　伊達カルメル会＝訳
イエスの聖テレサと共に祈る
祈りの普遍の師であるイエスの聖テレサの遺産が、深い精神的根源に力を与え、豊かにするための助けとなり得ると確信します。（著者より）　価格５００円（税別）

平田栄一
「南無アッバ」に生きる
井上洋治神父の言葉に出会うⅣ
少しでも多くのキリスト者、求道者そして日本人が自然体で、ご自身の心の琴線に響くイエスさまのお顔（神観）を求めるきっかけともなれば、著者として幸甚の至りです。価格６００円（税別）

ハビエル・ガラルダ
こころのティースプーン（上）
ガラルダ神父の教話集
東京・雙葉学園の保護者に向けてガラルダ神父がされた講話をまとめました。心の底に沈んでいる「よいもの」をかき回して、生き方に溢れ出しましょう。価格６００円（税別）

ハビエル・ガラルダ
こころのティースプーン（下）
ガラルダ神父の教話集
イエズス会司祭ガラルダ神父が雙葉学園の保護者に向けて語られた講演録第二弾。心の底に沈んでいる「よいもの」をかき回して、喜びに満ちた生活へ。価格５００円（税別）

ハビエル・ガラルダ
こころのティースプーン　もうひとさじ
ガラルダ神父の教話集
イエズス会司祭ガラルダ神父が雙葉学園の保護者に向けて語られた講演録第三弾。もう一度心の底をかき回して、連帯感を生き方にまで引き出すように。価格１０００円（税別）